창업한다
GO?!

80만 자영업자 카페 회원들의 마음을 울린 장사 이야기

창업 한다

GO?!

조자룡 지음

처음

이 책을 펴면서

저는 지금까지 많은 장사를 해 왔습니다. 첫 장사의 기억은 5살 때부터 입니다. 몸져누워 있는 아버지를 위해 어머니는 일찍이 가장의 역할을 하셨고, 저는 어머니의 손에 끌려 5살 때부터 종로 5가에서 종로 2가까지 껌을 팔러 다녔습니다.

5살의 어린 저를 손님들은 신기하게 바라보았고, 어린 나이에도 의심의 눈초리와 염려의 눈초리 등… 다양한 눈빛을 느낄 수 있었습니다. 하지만 저는 어떻게든 껌을 팔기 위해 '껌을 잘 팔 수 있는 말'을 해야 했습니다.

7살이 되었을 때는 '껌을 잘 파는 방법'을 알게 되어 그때부터는 종로5가에서 2가까지 혼자서 껌을 팔러 다녔습니다. 어린 나이에 밤거리를 걸어 다니며 무섭다는 생각을 못 했던 건 걸으면서 계속 손님들에게 '껌을 잘 파는 말'을 어떻게 해야 할지 정말 많이 연습했기 때문입니다. 사실 저에게는 껌을 팔기 위해 매장에 들어가는 것도 어려운 일이었습니다. 들어가기 전부터 쫓겨나기가 일쑤여서 매장 사장님들과 친해지는 것이 가장 우선이었고, 그래서 인사성 바른 아이가 되기 시작했습니다. '인사성 바르고 불쌍해 보이는 작은 아이' 바로 그 사장님의 감수성을 건드린 겁니다. 저는 그렇게 본능적으로 '장사를 잘하는 방법'을 알아갔습니다.

가장 골치 아픈 손님은 정의로 똘똘 뭉친 손님들이었습니다. 이들은 어린아이가 껌을 팔러 다닌다며 저를 파출소에 신고했고, 저는 파출소에 잡혀갔습니다. 어머니가 울면서 저를 데리러 온 적이 한두 번이 아닙니다. 음식점에 들어갈 때마다 맛있는 음식에 눈이 휘둥그레져서 잠시 내가 뭘 하러 왔는지 잊어버린 적도 있었습니다. 하지만 다시 정신을 차리고 어떻게든 껌 한 통을 팔기 위해 어린아이가 머리를 쥐어짜 내던 일들이 바로 저의 인생 첫 장사의 기억입니다.

생각해 보면 저에게 장사는 '간절함'이었습니다. 그래서 저는 어린 자룡이의 마음을 글을 통해 여러분들에게 들려주고 싶습니다.

이 이야기는 5년 전, 전국 고깃집 사장님들의 자기계발 모임 '육사모'라는 모임을 작가가 만들면서 시작이 되었습니다. '육사모'는 고깃집을 실제 운영하는 사장님들만 가입 할 수 있으며 예비창업자도 함께 활동하였습니다.

초보 창업자가 꼭 알아야 하는 부분이 있습니다. 바로 '세상에 오토매장은 없다'입니다. 장사는 브랜드만 믿고 하면 안 되고 돈만 믿고 하면 큰일 납니다. 가장 중요한 것이 바로 '나의 경험'입니다. 어떠한 책이나 남의 말로도 채울 수 없는 것이 경험이기에 작가는 어린 시절부터 이어온 장사경험을 바탕으로 전국의 250여명 '육사모' 사장님들은 소통하며 장사에 대한 솔직한 이야기를 연재했고, 많은 회원에게 공감과 응원을 받았습니다. 특히 창업을 준비 중인 분들에게 가장 큰 도움이 되었습니다.

나아가 많은 사람에게 좋은 글을 알리자는 육사모 회원들의 권유로 대한민국 최대 자영업자 회원이 모인(80만 명) 네이버 카페 '아프니까 사장이다'에 글을 올리기 시작했고, 첫 번째 글인 '삼겹살 팔아 아이 셋 유학 보내는 방법'이 조회 수 2만, 수백 개의 댓글을 기록하며 큰 호응을 얻었습니다. 그 다음 '세금폭탄! 제발 알고 장사합시다' 글은 더욱더 많은 인기를 끌었고, 그 밖에 '손님의 마음을 사로잡는 법' 등 이론적인 내용이 아닌 장사를 하며 느꼈던 부분을 솔직하게 연재하며 총 30만 뷰를 기록했습니다. 작가의 글은 회원들의 마음을 사로잡아 연속적으로 역대 베스트 글에 선정되기도 했습니다.

그 뒤로 현 배달 플랫폼 요기요의 요청으로 강의를 하기 시작했고, 잇따른 기업 강의가 들어오면서 실질적인 교육으로 인기를 얻었습니다. 그리고 실제 장사를 하는 많은 사장님의 직원 관리에 대한 컨설팅, 창업에 대한 컨설팅 수백 건을 무료로 상담해 주었습니다.

이 책은 특히 창업하기 전에 꼭 한번 보시기를 추천해 드립니다. 오픈하는 과정과 운영 과정, 직원 관리와 손님 관리에 관한 내용을 상세하게 다루어 글을 읽는 독자 분들에게 도움이 되리라 믿습니다. 더불어 창업을 앞둔 사장님들에게 조금이라도 도움이 되길 진심으로 바랍니다.

목차

Part II. 세금

Part III. 사장의 마인드

Part Ⅳ. 직원관리

Part V. 손님관리

Part VI. 매장 운영법

Part VII. 노동법

Part VIII. 마케팅

Part 1.

창업과 자금

장사 DNA

장사를 잘할 수 있는 자질을 갖춘 사장님이 있습니다. 반대로 성격에도 안 맞고 전혀 장사하고는 거리가 먼 사장님도 있습니다.

어느 쪽이 과연 잘 될까요?
과연 당신은 어떤 쪽일까요?

기본적으로 장사의 DNA를 타고 나는 사람들이 있습니다. 하지만 타고 나지 않아도 그렇게 만들 수 있습니다. 당신이 간절하기만 하다면 충분히 할 수 있습니다. 장사를 시작하기 전에 중요하게 알아야 할 3가지가 있습니다.

첫째: 간과 쓸개는 내 것이 아니다

매장에 출근하기 전에 집에서 '입을 크게 벌리고 손을 입속에 쑤욱 넣어서 간과 쓸개를 조심스레 잘 빼서 둘둘 말아서 옷장 옷걸이에 잘 걸어놓고 출근을 해야 합니다…' 장사하기 전에 꼭 알고 시작했으면 하는 부분이 바로 이 부분입니다. 그만큼 장사는 정말 간, 쓸개 다 빼놓고 장사를 해야 한다는 사실입니다.

둘째: '진심 어린 말속에 손님과 소통하며 건네주는 콜라 한 캔'이 더욱 큰 값어치를 발휘한다

무언가를 자꾸 주는 서비스로 접근을 하면 안 된다는 겁니다. 손님 말에 귀 기울이고 손님이 불편한 게 무엇인지 미리 파악해서 내가 먼저 움직이는 겁니다. 그리고 난 다음에 건네는 콜라 한 캔이 더욱더 값어치를 발휘할 수 있습니다. 손님이 불러서 가면 서빙이고 손님이 무엇이 필요한지 파악하여 내가 먼저 챙겨주면 이것이 서비스입니다. 손님은 의외로 이런 부분에 감동합니다. 큰 것을 잘하려고 할 것이 아니고 기본적인 부분을 잘해야 합니다. 바로 내 마음을 서비스하는 것입니다.'

셋째: '말 한마디로 천 냥 빚 갚는다'

장사 인생으로서 해석해보면 "사장님의 친절하고 따뜻한 말 한마디가 손님들에게 감동을 주고, 그로 인해 대박 집을 만들 수 있다!"

라고 생각합니다. 마음에도 없는 친절, 막연한 친절이 아닌 진심으로 마음속에서 뿜어져 나오는 친절을 이야기하는 것입니다. 거기에 사장님의 인간적인 모습까지 더해진다면 금상첨화가 될 것이며 직원들의 파이팅 넘치는 밝은 서비스가 뛰어나다면 단골은 끊이지 않을 것입니다. 우린 이런 매장을 만들어야 합니다.

◆ 자영업자 현황 ◆

단위: 천명, %

	취업자	자영업자	고용원 있는 자영업자	고용원 없는 자영업자	비중
2010	24,033	5,643	1,515	4,127	23.5
2011	24,527	5,657	1,526	4,132	23.1
2012	24,955	5,768	1,570	4,199	23.1
2013	25,299	5,703	1,533	4,169	22.5
2014	25,897	5,720	1,581	4,139	22.1
2015	26,178	5,622	1,609	4,013	21.5
2016	26,409	5,614	1,584	4,030	21.3
2017	26,725	5,682	1,608	4,074	21.3
2018	26,822	5,638	1,651	3,987	21.0
2019	27,123	5,606	1,538	4,068	20.7
2020	26,904	5,531	1,372	4,159	20.6

출처: 통계청, 경제활동인구조사

대한민국 자영업자 750만 시대, 거기에 요식업자 60만 시대가 왔습니다.

60만 개이상의 매장이 존재한다는 이야기입니다. 사실 비공식적인 부분까지 포함한다면 그보다 훨씬 많을 것입니다. 요식업계의 종사자들은 적어도 100만 명 이상, 150만 명을 바라보고 있습니다. 실로 어마어마한 수치라 볼 수 있습니다. 그러나 안타깝게도 2018년 기준 음식점업 신규사업자 대비 폐업 신고 비율이 92%에 달하고 있다고 합니다. 이는 음식점 10곳이 문을 여는 동안 9곳이 문을 닫았다는 의미지요. 왜 그럴까요? 이유는 분명히 있습니다.

그렇다면 이 시기에 장사를 시작하면 안 된다는 뜻일까요? 전혀 그렇지 않습니다. 바로 장사 잘하는 방법을 배우면 됩니다. 장사는 돈으로 하는 게 아니고 사람이 하는 것입니다. 돈이 많다고 해서 잘 되는 것도 절대 아닙니다. 좋은 상권, 좋은 위치, 좋은 매장을 찾아 들어가도 폐업률이 높아질 수 있습니다. 장사를 잘하는 방법을 모르기 때문입니다. 가장 중요한 것이 바로 사람 관리입니다.

제 책은 사실 사람 관리에 중점을 두었습니다. 사람 관리만 잘 해도 지금 같은 시기에 적은 비용으로 매장을 오픈하고, 위치가 안 좋은 곳에 들어가서도 얼마든지 장사가 잘되게 만들 수 있습니다.

그것이 바로 기술입니다.

　우리 대부분은 부자가 아닙니다. 그래서 우린 더욱더 사람 관리 하는 법을 배워야 합니다. 큰돈이 없어도 내가 준비할 수 있는 자 금으로 얼마든지 할 수 있다는 것을 이 책에서 알려드리겠습니다. 좋은 위치가 아니더라도 그곳에서 꾸준한 이익을 얻을 수 있게 만 드는 것이 우리의 목표입니다. 명심하세요! 우리는 시간이 지남에 따라 일하는 시간을 줄여나가야 합니다. 새벽 일찍 문을 열고 늦은 시간까지 일한 후 힘든 몸을 이끌고 집에 가는 일은 없어야 합니다.

Ⅰ. 창업과 자금

현실과 맞지 않는 부족한 자금

창업을 준비하는 분들은 대부분 창업자금으로 머리가 아플 겁니다. 도대체 얼마를 가지고 창업을 하는 게 맞는 걸까요? 보통 5천만 원에서 1억 정의 자본금을 갖고 오픈 준비를 합니다. 하지만 60만 요식업자들 사이에 끼어 들어가서 후발주자로 장사를 하기에는 턱없이 부족하고 넉넉한 금액이 아님을 우린 알 수 있습니다. 더욱이 프랜차이즈가 판치는 요즘 세상엔 한없이 부족한 금액입니다.

부족한 자금은 무한경쟁 속에 뛰어들기에 **이미 불리한 조건**입니다. 그런데 또 중요한 것이 상권입니다. 일단 장사란 좋은 상권입니다. 좋은 상권 속의 입지를 찾아야 하는 겁니다. 입지는 우리가 어느 자리에 매장을 차릴 거냐. 어디에 위치할 거냐, 매장이 위치하는 지리적 조건이 어떻게 될 것이냐? 입니다. 상권은 그보다 큰 개념의 상업 영향력이 미치는 범위, 예를 들면 상업지역, 주거지역, 사무실 지역 등… 번화가, 주택가(홍대, 강남 등…)를 이야기하는 것입니다.

하지만 우리는 알고 있습니다. 대부분 좋은 상권의 자리는 말도 안 되는 금액으로 형성되어 있습니다. 권리금만 1억에서 2억은 기본이며, 더 좋은 자리는 3억 이상도 형성되어 있습니다. 하지만 우리의 현실은 어떻습니까? 적은 금액으로 준비하다 보니 일단 좋은 상권에서 조금 멀어지게 됩니다. 유동인구가 많고, 사람들이 몰리는 자리, 상권이 몰려있는 자리에서 멀어지고 사람들이 흘러가는 자리, 손님이 직접 찾아와야 하는 자리에서 장사해야 합니다. 부족한 자금으로 인해 불리하게 시작을 한다면 구석까지도 손님들이 찾아올 수 있는 본인의 무기가 없으면 장사 성공의 확률이 떨어진다고 봐야 합니다.

더해지는 심리적 불안

이렇듯 적은 금액으로 사업을 시작하게 되면 마음의 불안이 옵니다. 몸도 마음도 위축이 되고요. 자리를 알아보기 위해 부동산을 찾아다닐 때마다 좋은 상권과 높은 금액 때문에 나도 모르게 작아지는 나를 발견하게 됩니다. 때로는 부동산에서 무시와 괄시를 받은 적도 있습니다. 그 금액으로는 이 상권에서 어림도 없다고요. 그렇게 말하는 부동산이 얼마나 야속하던지 마음에 상처를 받은 적도 있었습니다.

내가 생각한 자리는 엄두도 못 내고, 거기에 하나를 찾아도 내가 생각한 총사업비는 이미 넘어서고, 그런데도 사업은 꼭 하고 싶고, 그러다 보면 주위에서 돈을 빌리거나 대출을 받게 됩니다. (이미 이 정도가 되면 빨간불 들어왔음을 알아야 한다) 이게 얼마나 위험한지 다음 글에서 한번 다뤄 보겠습니다. 적은 자금을 가지고 시작한다는 것은 내가 그만큼 안 좋은 상황에서 시작한다는 이야기입니다. 이걸 쉽게 생각하면 안됩니다. 그만큼 불리한 선상에서 출발했다는 겁니다.

자금에 대한 현실을 깨닫고 발품을 팔아라

그렇다면 조금이라도 해결할 방법이 없을까요? 해볼 방법은 있습니다. 일단 나의 현실을 인정하고 계획을 잘 짜야 합니다. **상권이 중요하지만 역시 상권이 능사가 아니라는 것을** 알아야 합니다. 그럼 어떻게 하면 적은 금액으로 그나마 내가 마음에 드는 상권을 얻을 수 있을까요? 내가 하고자 하는 상권에 있는 부동산 사장님들과 친하게 지내다 보면 친분이 쌓이고 나와 신뢰가 깊은 사장님들은 좋은 물건을 가지고 오기도 합니다. 그래서 진정한 고수들은 그 지역의 부동산을 매일 방문하며 커피도 사주고 밥도 사주며 투자를 아끼지 않습니다. 그리고 또 하나 공인중개사 부동산중개료에 돈을 아끼지 않습니다.

하지만 그보다 더 좋은 방법은 내가 발로 뛰는 방법입니다. 제가 알려주는 방법대로 한다면 큰 자금이 없더라도 좋은 자리를 찾을 수도 있습니다. 자금이 넉넉지 못한 분들은 내가 길을 만들어야 합니다.

저는 요즘이 기회라고 생각합니다. 얼마 전 저는 새로운 브랜드를 또 만들었습니다. 바로 피자펍입니다. 요즘 감성에 맞는 인테리어의 피자펍인데 낮에는 피자와 샐러드를 팔고, 밤에는 피자와 펍으로 운영되며 배달도 함께 할 수 있는 콘셉트입니다. 송도 최고의 자리에 30평 매장입니다. 코로나 전에 이 상권은 최소 권리금 1억 5천~2억으로 형성된 자리였습니다. 하지만 저는 제가 원하는 상권을 정하고 입지를 분석한 후 직접 발로 뛰어서 부동산을 안통하고 3/1 정도의 가격에 매장을 얻었습니다. 그럼 저는 얼마나 큰 금액을 아낀 걸까요?

바로 이렇듯 코로나로 인해 경기가 안 좋다 보니 좋은 자리도 저렴하게 얻을 수 있었던 겁니다. 기존에 권리금이 1억 이상이던 곳은 5천미만으로 떨어졌으며, 2억 이상이던 곳은 지금 1억 미만으로 다 떨어졌습니다. 무권리로 나온 자리도 수두룩합니다. 그렇다면 내가 직접 작업하는 방법만 안다면 나의 열정과 노력, 그리고 선택과 집중의 발품을 팔아서 얼마든지 찾을 수 있다는 걸 알려드리고 싶습니다. 꼭 믿고 해보시기 바랍니다.

대부분 부동산 중개업소는 법정수수료를(중개 수수료) 받지만, 아닌 곳도 있었습니다. 과거엔 인정작업을 많이 하였고(인정작업은 실제 권리금보다 더 부풀려서 일부는 사장에게 주고 나머지는 부동산이 가지고 가는 방식으로 총 권리금으로 5천을 받았다면 3천은 매장 사장에게 주고 2천은 부동산이 가지고 감으로 현 시세보다 많이 부풀려지므로 새로 들어오는 사람에게는 매우 부당한 방식이었습니다) 현재도 아주 일부의 중개업소가 그런 방식을 하고 있다는 것을 잊어서는 안됩니다. 물론 현재는 이런 부분들이 많이 없어졌지만 결국 부동산은 본인들의 수입을 위해 당연히 돈이 되는 매장을 어떻게든 좋게 포장하여 계약을 성사시키려 합니다. 이 부분이 나쁘다는 게 아니고 당연한 일입니다.

그러나 우리 독자들은 눈을 높여야 합니다. 그러다 보니 물건에 거품이 낍니다. 있는 그대로의 물건이어야 하는데 일부 마인드가 안 좋은 부동산업자들로 인하여 물건에 변질이 옵니다. 권리금이 3천만 원인 게 5천만 원으로 바뀌기도 합니다. 이는 명백한 불법입니다. 하지만 매장을 빨리 정리하려는 입장에서는 그렇게 암암리에 진행하기도 합니다. 그리고 정확한 부분을 조사해 주지 않습니다. 정말 우리에게 필요한 것은 그 매장의 문제점이고 꼭 알아둬야 하는 상황들인데 조금이라도 불리한 부분은 감추기 마련이죠. 계약의 성사를 위해서요. 물론 대부분이 그렇다는 것은 아닙니다.

내가 발품 팔아 좋은 매장을 찾는 방법

첫째: 내가 원하는 상권을 정한다.
둘째: 내가 원하는 입지를 찾는다.
셋째: 내가 원하는 입지에 나에게 맞는 매장 최소 100군데는
　　　리스트를 뽑아야 한다.

자 이젠 100군데를 가지고 작업을 해보겠습니다. 만약 김밥 집을 하고 싶다면 김밥 집으로 가장 적당해 보이는 매장 100군데를 찾아서 매장명, 연락처 등을 리스트업 하라는 이야기입니다.

지금 코로나 시기는 정말 많은 매장이 나와 있습니다. 우리가 모를 뿐입니다. 부동산에서도 서로 모르는 경우가 많이 있습니다. 이

유는 장사하는 사장님들은 손님들에게 민감하여 매장을 내놓았다는 소문이 나면 손님이 떨어진다고 생각합니다. 그래서 매장을 내놓아도 한군데, 또는 두 군데만 내놓는 경우가 많이 있습니다. 그럼 그 부동산은 본인의 부동산 전속계약 형태로만 진행합니다. 다른 곳에 오픈을 안 하고 본인 부동산에 직접 손님에게만 매장을 보여주는 거죠. 그럼 그 부동산의 수입이 2배가 됩니다. 왜냐면 다른 부동산의 손님이 그 매장을 계약한다면 수익을 서로 나누어 먹기 때문입니다. 이 정도로 오픈 안 된 매장도 많다고 보시면 됩니다. 그렇기에 제가 알려드리는 방식의 효과가 높을 수밖에 없습니다. 하지만 지금 시기에는 100군데 중 50% 이상은 매장이 나와 있다고 봐야 합니다. 내가 리스트업 한 100군데 중 50군데는 가망이 있다는 거지요. 꽤 괜찮은 확률이지요?

"간절하면 통한다!" 리스트를 보고 전화를 직접 걸어서 사장님과 통화하면서 그대로를 설명하면 됩니다. 성의껏 이야기한다면 사장님을 만나는 데까지 어렵진 않을 겁니다. "제가 김밥 집을 하려고 하는데 혹시 매장을 내놓지 않으셨나요?"라고 묻는 겁니다.

그런데 아까 제가 말한 대로 매장의 50%가 임대로 나왔다고 보면 어떻습니까?" 이럴 때는 선의의 거짓말도 필요합니다. 직원 단계에서 사장님을 연결해 주지 않거나 차단하는 경우가 많기 때문입니다. 조금 잘 아는 사람인 척하는 방법도 좋은 방법입니다. 나중에 사장님과 연결되면 그때 정중히 사과하면 됩니다. 제 이야기의 핵심은 남을 속이자는 게 아니고 나에게 불리한 여권에서도 좋은 매장을 찾으려는 방법입니다. 간절한 마음으로 두드리라는 겁니다. 그만큼 노력이 필요합니다. 비단 좋은 자리를 찾는 방법이기도 하지만 그보다 더욱더 중요한 것은 나의 매장을 원하는 금액에 찾는 방법을 배운다는 겁니다. 역시 상권분석에 대한 부분도 저절로 업그레이드됩니다. 나의 레벨을 높이는 방법이기도 합니다. 적은 돈으로도 얼마든지 할 수 있다는 것을 알아야 합니다.

단 제가 강조하는 부분은 본인의 끊임없는 노력이 있어야 '자금의 벽'을 뛰어넘을 수 있다는 겁니다. 분명할 수 있습니다.

간과하면 큰일 나는 것들

절대 소자본으로는 내 눈에 차는 매장 운영을 못 합니다. 그러다 보면 자연스레 금액이 올라가고 자금이 부족하다는 걸 피부로 느끼게 되고 부족분을 메우기 위해 추가로 대출을 받는 상황이 만들어집니다. 이는 불을 보듯 뻔합니다. 보증금, 권리금, 인테리어, 집기, 인허가비용 기타 등… 따지고 보면 이게 처음 생각했던 것보단 1.5배에서 2배는 넘어간다는 것을 알 수 있습니다. 항상 생각했던 것보단 금액이 많이 들어간다는 사실을 알고 시작하길 바랍니다. 투자금이 눈덩이처럼 불어나는 경우도 허다하고요. 하지만 가장 무서운 건 중간에 멈출 수가 없다는 것입니다. 멈추는 순간 그동안 투자했던 모든 돈을 날리기 때문입니다. 경험해 본 분들은 얼마나 힘들고 괴로운 일인지 잘 알 거라 봅니다. 특히 사장의 무지로 잘못된 인테리어 업체를 선정해 큰 혼란에 빠지는 일은 비일비재합니다.

한 분은 평생을 힘들게 일하고 받은 퇴직금으로 프랜차이즈에 뛰어들었습니다. 본인이 가지고 있던 돈이 부족해 추가 대출을 받았고 그것도 부족해 가족과 지인에게 돈을 빌려 매장을 오픈했습니다. 이렇게 순식간 적으로 큰돈이 들어가는데, 매장이 안되기 시작하면 한도 끝도 없이 나락으로 떨어지는 불안을 느낍니다. 오픈 빨은 몇 달 지나면 온데간데없고 심지어는 오픈 빨이 없는 경우도 나타납니다. 힘든 상황은 점점 더 힘들어지고 결국 임대료와 인건비는 내 목을 옥죄어 옵니다. 예전에 느꼈던 고생은 고생도 아니라는 생각을 하며 직장생활이 얼마나 달콤했는지를 떠올리기 시작합니다. 맘고생은 이루 말할 수 없으며 그렇게 끝이 안 보이는 힘든 상황 속에서 버티다가 갑자기 생각이 나는 거죠.

"내가 지금 무얼 하고 있나? 그냥 오픈 전 과거로 돌아가고 싶다."
제가 바로 과거에 그랬습니다. 큰 포부로 매장을 오픈해 위에 말한 대로 투자금은 점점 추가되고 인건비는 계속 부담이 되고 멈출 수 없는 상황이 되어서 하루하루가 지옥이었습니다. 아침에 눈을 뜨는 게 싫어지고, 매장에 가는 발길이 무서워지고 종일 손님을 기다리다 지쳐서 그냥 이 매장을 벗어나야겠다는 마음에 일찍 문을 닫곤 했습니다. 악순환이 반복되다 보니 나중에는 손님이 들어오는 것이 두려워지는 현상을 느꼈습니다. 장사는 절대 잘될 때만 생각하면 안됩니다. 안될 때도 분명 생각하고 시작해야 합니다. 그래서 시작을 되돌릴 수 없을 만큼 무리하면 안됩니다. **섣부른 한 번의 실수가 인생을 송두리째 바꾸어 놓을 수 있음을 알아야 합니다.** 그만큼 쉽게 생각하고 뛰어들면 안 된다는 것을 진심으로 전하고 싶습니다.

만약 본인만의 강력한 아이템이 없다면?

90% 이상의 확신이 차지 않는다면 과감히 오픈을 잠시 미뤄 두는 게 좋습니다. 남들이 하는 것, 잘되는 것, 잘 나가는 프랜차이즈 나도 오픈하면 되겠지 라는 생각으로 시작하면 절대 안 됩니다. 그건 착각일 뿐입니다.

작년까지만 해도 화젯거리였던 프랜차이즈들이 많이 있지요? 전국에 300~400개씩 유행했던 아이템들, 내가 하려는 지역에 하고 싶어도 이미 다 들어와서 할 수가 없었던 것들…. 지금 불과 1년도 안 됐는데 어떻습니까? 최소 80%는 없어졌습니다. 그래서 프랜차이즈를 하려면 처음 시작하고 유행할 걸 선택하면 그나마 괜찮습니다. 아니면 오래된 브랜드로 장사를 시작한다면 중간이라도 갑니다. 하지만 어설프게 뒤늦게 합류하면 당연히 큰일 납니다. 그래서 우린 그나마 안전한 대중적인 메뉴의 프랜차이즈를 선택하는 겁니다. 현재 매장을 운영 중인 사장님들은 무언가 불안하다고 생각한다면, 그게 매출인지 매장에 문제가 있는지 전체적인 점검을 다시 하길 바랍니다. 문제는 나한테 있기 때문입니다.

절대 본인이 판단하지 말 것!!! 꼭 말씀드리고 싶은 것은 본인의 매장에 문제가 있다고 본인이 해결하려고 하지 말고 주위 선배들에게 조언을 구해야 한다는 것입니다. 이미 그 분야에 있던 선배들에게 솔직하게 이야기하고, 무엇이 문제인지 본인의 상황을 공개하고 도움을 요청해야 합니다.

본인의 부족함을 먼저 인정하는 부분에서부터 시작하는 것이 중요합니다. '본인의 상황을 공개한다고 해서 절대 부끄럽거나 창피한 게 아닙니다. 오히려 무엇이 문제인지 알면서도 바꾸려 하지 않는 본인의 모습, 그리고 해결해야 함에도 본인 자신을 버려두는 모습이 더욱더 부끄러운 것입니다.' 오랜 기간 장사를 해보신 분들은 제 말에 동의할 겁니다. 이제 창업을 준비하는 분들은 제 글을 잘 읽어보고 느껴보길 바랍니다. 그래도 프랜차이즈 장사를 해야 한다면 제 생각은 이렇습니다.

첫째: 대중적인 음식이 최고의 아이템이다

이미 검증된 메뉴에서 확실한 아이템을 찾고 나만의 색깔을 입힌다면 실패할 확률이 줄어듭니다. 절대 기존에 하던 것을 그냥 따라만 한다는 생각으로 하면 안됩니다. 확신이 들 때까지 노력하여 메뉴를 구성해야 합니다. 이 집 음식이 최고라는 말이 나와야 합니다. 대중적인 음식은 이미 검증된 음식들입니다. 대중적인 음식에서 나만의 색깔을 담아 만들어 내는 것입니다. 이미 알고 있는 '편안한 메뉴와 분위기 속에 우리 매장만의 색깔'을 찾는 겁니다. 그러니 절대 호불호가 갈리는 업종을 선택하면 안됩니다.

둘째: 무작정 따라 하는 프랜차이즈는 NO

대한민국의 프랜차이즈 중에 좋은 곳들도 있지만, 준비가 안 된 상태에서 프랜차이즈를 내보내는 곳들도 상당히 많이 있습니다. 저는 프랜차이즈 본사에서 점주들의 자질과 정신교육을 정확히 하고 내보내야 한다고 생각합니다. 한 개의 가맹점을 출점하는 것이 중요한 것이 아니라 점주의 마음가짐과 최선을 다해 일할 준비가 되어 있는 상태인지가 중요한 것입니다.

시장은 전쟁터와 다를 바가 없습니다. 이미 수없이 많은 전쟁의 경험을 겪은 장군들이 득실대는 전쟁터인데 총 쏘는 법도 안 가르치고 내보내면 어떻게 되겠습니까?

　저는 사실 체인 사업 본사의 대표로써 가맹점을 한 군데 한 군데 내보낼수록 두렵습니다. 만약 잘되지 않는다면 서로에게 고통이기 때문입니다. 그래서 자질이 안 되어있는 분들에게는 가맹점을 절대 내주지 않습니다. 그리고 가맹점을 개점시키면 시킬수록 저의 부족함과 점주님들의 부족함이 너무 많이 보입니다. 그래서 오픈 한번 하고 나면 고쳐야 할 부분이 머리를 맴돌아 잠을 못 잡니다. 교육과 준비를 명확히 하는 것은 점주를 위한 일이기도 하지만 프랜차이즈 본사를 위한 일이기도 합니다. 이러한 부분들이 나중에 엄청난 문제를 일으킨다는 것을 우리는 잘 알고 있습니다.

　본사를 너무 믿지 말고 본인을 믿어야 합니다. 초보 사장님들의 가장 큰 착각은 그 브랜드를 믿고 본사를 믿는 것입니다. 하지만 본사는 아이템과 시스템만 줄 뿐이고 결국, 장사는 내가 한다는 것을 잊으시면 안됩니다.

　요즘 화젯거리인 아이템은 너무나 달콤합니다. 하지만 누군가가 항상 건네주는 달콤한 사과는 독이 들어있을 수도 있습니다. 이게 초보 사장님들의 가장 큰 실수입니다. 핫한 아이템에 현혹되면 안됩니다. 그 아이템의 흐름이 끝날 수 있음을 알고 있어야 합니다. 쉽게 결정할 수는 있지만 그만큼 가장 위험하다는 겁니다. 안 보이는 부분을 보는 눈을 키워야 합니다. 극한 노동력과 인건비, 박한 마진 그리고 그 아이템의 트렌드가 바뀐다는 것 잊으면 안됩니다. 그러니 프랜차이즈를 하려는 분들도 최소한 ① **기술이 필요한 프랜차이즈인가?** 기술직의 직원을 관리하기란 너무 힘이 듭니다. 아르바이트만 있어도 할 수 있는 프랜차이즈를 해야 합니다.

② **인건비가 많이 들어가는 프랜차이즈인가?** 앞으로 남고 뒤로 까지는 장사는 이제 하면 안됩니다. 가면 갈수록 인건비를 줄여야 합니다.

③ **비대면, 언택트 시대에 맞는 프랜차이즈인가?** 영업시간 제한과 집합금지를 대처할 수 있는지, 포장 판매와 배달을 할 수 있는지 홀 장사가 가능한지 등을 생각해봐야 합니다.

④ **창업자금이 높은가?** 코로나 시대의 창업은 창업자금이 높을 필요가 없습니다. 그 이유는 과거처럼 높은 권리금에 대한 거품이 꺼졌기 때문입니다. 앞에 썼던 글 중에 좋은 매장 찾는 방법을 알려드린 바가 있습니다. 절대 처음부터 큰 자금을 투자하여 시작하시면 안됩니다.

⑤ 본사의 사업경력과 마인드를 믿을 수 있는가? 사실 이 부분은 너무 중요한 부분입니다. 본사를 방문하고 본사의 모습과 시스템을 보길 바랍니다. 그리고 주인의 마인드도 너무 중요합니다. 하지만 꼭 말씀드리고 싶은 건 본사는 절대 책임지지 않습니다. 결국, 본인이 장사하는 겁니다. 본사에 정상적인 부분 이외에 무언가를 바랄 생각을 버려야 합니다. 자꾸 바라기만 하면 본사도 그 매장에 정이 떨어집니다.

장사도 프랜차이즈도 이런 사람이 해야 한다!

첫째: 장사를 해보신 분, 경험이 많은 분
둘째: 성격 자체가 좋아서 잘 웃고 손님에게 친절하게 잘 대할 수 있
　　　는 분
셋째: 사람 관계의 경험이 많아서 직원 관리에 자신이 있는 분

위의 세 가지에 해당이 안 된다면 지금 심각하게 다시 장사를 생각해 보길 바랍니다. 특히 요식업에서는 내가 직접 손님을 안대해도 되는 업종을 찾아야 합니다. 우리는 실제 장사와 안 어울리는 사람들을 많이 봐 옵니다. 이런 사람들은 마음만 앞서는 욕심으로 장사를 하게 됩니다. 그러면 **많은 분이 그러한 부분들이 안되니까 프**

랜차이즈 하는 거 아니냐? 는 반문을 합니다. 절대 그렇지 않습니다. 프랜차이즈는 아이템만 제공할 뿐이지 가장 중요한 장사는 우리가 스스로 해야 합니다. 이 부분 절대 잊으면 안됩니다. 그렇기에 현 프랜차이즈 본사들은 돈만 가지고 오면 다 가맹점을 내줄 것이 아니라 장사를 할 자질이 되어있는지를 판단해서 가맹점을 내줘야 한다고 생각합니다. 그것이 오픈하는 사람과 프랜차이즈 본사가 잘 되는 길이라고 생각합니다.

일부 프랜차이즈 본사는 공장에서 물건을 찍어내듯이 체인을 늘려 각종 수익금을 뽑아내려 하는 곳들도 있습니다. 이 부분 잘 판단하시길 바랍니다.

"완전 대중적인 음식과 시스템으로 들어가 나를 거기에 맞춘다."

완전한 대중적인 음식에 들어가면 50%는 먹고 들어갑니다. 거기에 인지도 있는 프랜차이즈면 더욱더 좋겠지요. 아주 특출하진 않지만 어디에 내놔도 떨어지지 않는 맛을 장착하고 나만의 최고의 친절과 서비스로 승부를 보는 방법이 우리가 실천할 수 있는 가장 빠른 방법입니다.

늘 손님에게 감동을 주고 마음을 편하게 해주는 매장. 사실 요즘은 맛이 전부는 아닙니다. 어찌 보면 음식 맛이 거의 비슷해졌다고 해도 과언이 아닙니다. 주위를 보면 음식 맛을 앞세우기보단 그 매장만의 콘셉트, 색깔, 개성, 새로움을 내세우는 곳이 더 많아졌습니다.

장사와 사업의 차이

제가 가장 중요시 생각하는 부분이 바로 장사와 사업의 차이입니다. 저는 장사와 사업의 차이를 크게 보고 있습니다. **여러분은 장사하고 있나요? 아니면 사업을 하고 있나요? 그게 무슨 소리냐고요?** 자 그럼 장사와 사업에 관해 이야기를 나누어 보겠습니다.

♣ 장사와 사업의 차이는 이렇습니다.

장사는 1+1=2

2+2=4

4+4=8

이렇듯 매우 정직한 수익 창출 방법입니다. 내 몸으로 열심히 뛰어서 돈을 버는 방법.

삼겹살 한판 1kg 기준 15,000원에 구매했다면 이것을 1인분에 170gm으로 나눈다면 6인분이 나옵니다. 그럼 1인분 기준 13,000

원만 받아도 78,000원의 수익이 납니다. 원가 15,000원 대비 5배는 남았군요. 이렇게 단순하게 생각하면 6배이지만 실제 부자재, 인건비, 임대료 등… 다 적용을 하면 그 수익은 적어짐을 알 수 있습니다. 이렇듯 우리가 지금까지 하던 방식입니다. 장사는 하나 팔아 얼마 남는 게 장사니까요. 바로 대한민국 사장님 대부분이 물건을 파는 것을 장사로 알고 계실 겁니다.

위에 말한 것처럼 장사는 1+1 이기도 하지만 반대로 따지면 내가 열심히 뛰어서 정직하리만큼 수익이 나는 게 장사입니다.

예를 들어 내가 슈퍼마켓을 한다고 가정해 봅시다. 새벽 6시에 일찍 일어나 매장 문을 열고 매장 앞을 깨끗이 청소하고 물건들을 잘 점검하고 손님 받을 준비를 한 후 장사를 시작합니다. 이렇듯 내가 셔터를 열고 오픈 준비를 해야 하는 것이 장사입니다. 내가 문을 열지 않으면 장사가 시작이 안 된다는 단점도 있습니다. **결국, 내 몸이 움직여 시작되는 것이 장사라는 겁니다.**

그런데 어느 날 갑자기 슈퍼 바로 앞에 같은 업종의 슈퍼가 문을 열었다면 어떨까요? 그런데 이 슈퍼는 나보다 30분 빠른 5시 30분에 문을 연다고 생각해 보세요. 그럼 나는 어떻게 해야 할까요? 최소 똑같은 시간에 문을 열거나 더 빠르게 문을 열어야겠지요. 거기에 더욱더 열심히 해야 하고 더 피나는 노력을 해야 합니다. 이렇듯 무한경쟁에 빠진 것이 장사입니다. 어찌 보면 장사와 사업은 같은 개념이지만 사장의 마인드에 따라 천지 차이가 납니다.

어떤 사람들은 장사와 사업의 차이를 규모로 보는 사람들이 있습니다. 하지만 저는 생각이 다릅니다. 본인이 직접 셔터를 열고 청소를 하고 매장 준비를 하면 장사고 이게 직원들로 인해 저절로 진행된다면 사업이라고 생각합니다. 제가 늘 강조하던 시스템이지요.

직원이 많아도 내가 직원보다 더 일을 많이 하고, 내가 없으면 안 돌아가는 매장이 바로 장사입니다. 사업은 반대로 내가 없어도 돌아가는 매장이지요. 그럼 그걸 어떻게 만들어 가느냐? 그게 중요합니다. 이젠 바뀌어야 합니다.

과거 조선 시대에는 장사하는 사람들을 '상인'이라고 불렀습니다. 그리고 또 하나의 표현 '장사치' 장사치란 장사하는 사람을 낮추어 부르는 표현이지요. 이젠 세상이 달라졌습니다. 장사하는 사람이 더 잘 먹고 잘살며 대우받는 세상이 되었습니다. 대우를 받는지 못 받는지는 본인의 생각과 행동에 달려 있습니다. 우린 이제 어디를 가든 당당해야 합니다.

제가 생각하는 장사란? 장사가 1+1=2, 2+2=4라면, 사업은 2x2=4, 4x4=16, 8x8=64, 16x16=256, 32x32=1,024,

64x64=4,096이라는 것입니다. 이 곱하기 안에는 엄청난 비밀이 숨겨져 있습니다. 바로 시스템이고, 복제고 사람이라는 것입니다. 저에게는 하나 팔아 하나 남는 게 아니고 눈덩이처럼 불어나는 게 사업입니다. 2개를 팔면 4개가 남고 4개를 팔면 16개가 남고 8개를 팔면 64개가 남는 것, 이게 저는 사업이라 생각합니다. 이렇듯 사업은 시스템이고 곱하기의 마술입니다. 곱하기의 비밀이기도 하고요.

곱하기에 대한 비밀

곱하기의 비밀 1. 사업은 수익이 곱하기로 움직인다.

곱하기의 비밀 2. 저 숫자는 수익이 될 수도 있지만, 사람이 될 수 있음을 알아야 한다.

곱하기의 비밀 3. 하나의 매장을 완성하기가 어렵지 시스템을 완성하면 매장도 곱하기의 비밀로 기하급수적으로 늘어난다.

곱하기의 비밀은 사람이다. 이렇듯 사업이란 바로 사람을 움직이는 것입니다. 즉 내 사람을 만든다는 겁니다. 저는 이걸 복제사업 '카피맨'이라 표현합니다. 진정한 사업은 나와 같은 사람을 만든다는 것입니다. 그런 생각으로 저는 저만의 복제사업을 만들었습니다. 나와 같은 '카피맨'을 만들어서 제가 3달간 매장을 비워도 저절로 돌아갈 수 있는 자동화 시스템을 만들었습니다.

사장이 진심으로 손님을 대하고 직원을 대하는 것이 곱하기의 비밀이기 때문에 그렇습니다. 제가 운영하는 프랜차이즈의 점주들에게 진심으로 이야기하고 소통하려는 이유도 바로 사람이 답이라는 것을 알기 때문입니다. 저는 끊임없이 계속 이야기를 할 겁니다. 그리고 제 마음을 전달하려 노력할 겁니다. 그리고 중요한 한 가지 나와 같은 '카피맨'이 결국 이 사업의 핵심입니다. 그래서 저는 제가 운영하는 송도매장의 점장 종환 군과 진심으로 함께 합니다. 말로만 직원들에게 잘해야 한다는 입바른 소리가 아닙니다. 내 마음이 전달되게 잘해 줄 때는 무언가 바라지 말고 해줘야 합니다. 의미 있는 시간을 함께 보내며 수없이 많은 소통을 하는 것. 성공의 비밀이 사람이라는 것을 저는 알기 때문입니다.

장사에서 사업으로 가는 방법

저희 송도매장에는 점장 종환 군이 있습니다. 이 매장은 10년 동안 송도의 터줏대감 역할을 하며 자리를 잡아 왔으며 이미 유명한 맛집으로 소문나있습니다. 주방에는 65세 이상의 주방 이모들이 3명이나 있습니다. 경력 20년 이상의 베테랑 이모님들과 홀에는 직원 7명이 근무를 합니다. 이렇게 10년 이상 된 송도매장을 점장 종환 군이 끌어가고 있습니다. 그런데 점장 종환 군의 나이는 현재 23

살입니다. 일반적으로는 이해가 안 되는 구조입니다. 오랜 경력의 이모님들을 23살의 점장이 끌어가기에는 얼마나 힘든지 우린 알고 있기 때문입니다. 오랜 경력의 사장님들도 주방 이모님들과의 관계를 힘들어합니다. 그런데 더 놀라운 사실은 종환 군은 19살 때부터 매장을 이끌어갔다는 겁니다.

주위에 많은 사람은 좀 더 경험이 많고, 나이가 있는 사람이 점장을 해야 한다고 저에게 조언하고 심지어 사람을 보내기도 했습니다. 하지만 나이가 많고 경험이 많은 점장들보다 저에게는 종환이가 보석이었습니다. 바로 종환 군은 '하얀 도화지이자 스펀지'였기 때문입니다. 저는 오히려 본인이 어설프게 알면서 모든 다 아는 것처럼 행동하는 사람보다 아예 무지한 사람이 더욱더 훌륭한 직원이 된다는 걸 알고 있습니다.

종환 군은 이미 17살 때부터 저희 매장에서 아르바이트로 일을 했으며, 누구보다 우리 매장을 잘 아는 친구였습니다. 성실하고 정말 일을 열심히 잘하는 친구였습니다. 많은 사람이 어린 점장을 고용하는 부분에 대해 반대했지만 전 매장에 어린 종환 군을 결국 점장으로 승진시켰습니다. 그리고 참 많은 일이 있었습니다. 주위에서 계속되는 참견과 종환 군보다 나이 많은 직원들의 반란, 그리고 이모님들과의 갈등… 하지만 제가 나서서 중재하며 최선을 다해 계속 잡아주었고 결국, 다른 직원들도 종환 군을 인정하기 시작했습니다. 지금 종환 군은 송도 주위 매장 사장님들에게도 인정받는 점장이 되었습니다. 이렇게 종환 군이 점차 발전하고 함께 꿈을 공유할 수 있었던 이유는 '그 하얀 도화지는 제가 그리고 싶은 데로 그려졌으며 종환 군의 그 그림 속에 저도 함께 있기 때문입니다.'

종환 군이 더욱더 훌륭했던 건 그는 제가 알려주는 대로 스펀지처럼 흡수하기 시작했고 놀라울 정도로 빨리 성장했다는 겁니다. 그리고 종환 군과의 신뢰를 쌓기 위해 저는 부단히 노력했습니다. 나름 큰돈을 투자해 둘이서 캐나다와 미국 여행을 다니며 많은 이야기를 나누었습니다. 종환 군과의 추억은 이루 말할 수 없을 정도로 많이 있답니다.

캐나다의 로키산맥을 여행할 때 로키산맥에서 가장 아름다운 레이크 루이스의 푸른 호수를 보며 둘이 앉아서 별을 보며 맥주를 마시던 추억이 아직도 새롭습니다. 미국의 잠 못 드는 밤의 시애틀에서 함께 여행을 다녔던 기억도 많이 납니다. 국내에서도 많은 여행을 다녔으며 설악산 여행에서는 설악산 정상과 게스트하우스에서 만난 새로운 사람들과 밤새 꿈 이야기를 나눴던 게 생각이 납니다.

그리고 종환 군 부모님과 여러 차례 만나 함께 술자리도 하며 제 생각을 알려드리고 계획을 말씀드렸습니다. 종환 군 가족의 기쁜 일은 물론 슬픈 일에도 항상 참석하여 슬픔도 함께하였습니다. 그런 노력이 있었기에 종환 군은 항상 저를 닮아 가려 노력하였고 빠르게 성장하였습니다. 그리고 저 역시 100만 금의 '카피맨' 종환 군을 얻은 것입니다. 저는 이렇게 좋은 직원을 만들어 갑니다. 장사와 사업은 사람이 하는 것이기 때문입니다.

장사는 카리스마다.

사장이 매장에서 정해놓은 원칙, 정해놓은 부분임에도 삐딱하게 행동하는 직원이 있다면 충분히 설명하고 이해를 시킵니다. 그런데도 말귀를 알아듣지 못한다면 저는 과감히 이야기합니다. "정말 아쉽습니다. 나는 당신과 함께 일하고 싶은데 이런 식으로 하면 서로 불편하지 않겠습니까?"라고 정확히 이야기해야 합니다. 여기서 포인트는 "나는 정말 당신하고 함께 하고 싶다"라는 마음 전달입니다. 과감하게 말을 하되 절대 먼저 그만두라고 이야기하면 안됩니다. 본인이 생각하게 만들고 결정하게 만들어야 합니다.

이렇듯 과거 종환 군을 점장으로 승진시키는 부분에서도 사장의 카리스마가 필요합니다. 종환 군을 점장으로 승진시키는 부분에서 다른 직원들의 불만과 문제가 계속 발생했다면 저는 인내를 가지고 직원들을 설득시켰을 것이고 그래도 직원들의 단체 행동이 있다면 저는 과감히 한 달간 매장의 문을 닫아버릴 생각이었습니다.

그다음 사장이 해야 할 일은 믿고 내려놓는 것입니다. 그리고 직원을 믿었으면 명확히 역할을 주고 서툴더라도 옆에서 묵묵히 지켜보며 절대 다그치거나 끼어들면 안됩니다. 잡아 줄 때도 부드럽게 이야기하고 알려주어야 합니다.

적정한 자금을 활용하는 능력

우리가 매장을 개점할 때 중요한 것 중 하나가 자금입니다. 적은 자금으로 장사를 시작한다는 것 자체가 이미 안 좋은 위치에서 시작하는 겁니다. 잘되는 매장은 다 이유가 있습니다.

'산속에서 삼겹살집을 해도 손님이 대기하는 매장'이라면 그곳만의 특별함이 있기에 산속까지 찾아오는 것입니다. 하지만 음식에 대해 나만의 특별함이 없고 대중적인 형태의 '따라 하기식 오픈'이라면 문제가 있습니다. 사람에 대한 관리능력도 부족하고 손님에 대한 서비스 부족, 손님 응대 능력 부족, 마케팅에 대한 부족, 각종 공과금, 세금, 노무 지식에 대해 부족함에도 무리하게 프랜차이즈 하나만 믿고 연다면 큰 낭패를 볼 수 있습니다.

매장을 오픈하는데 무리한 자금과 투자는 결국 나에게 독으로 돌아옵니다. 하지만 준비된 자에게 자금의 능력이 쥐어진다면 어떻게 될까요? 자금이란 그런 것입니다. 본인이 아직 준비가 안 돼 있다면 절대 무리해서 오픈하면 안됩니다. 적절한 자금을 활용하는 것이 만약을 위한 최고의 방법입니다.

그리고 최소 본인이 하고자 하는 업종에서 1년 이상 일해보고 본인이 오픈하려는 상권에서 3개월 이상 일 해봐야 합니다. 그리고 준비가 되었다고 생각했을 때 창업해야 그나마 덜 위험합니다.

대중적인 아이템 속에 나만의 색을 넣는 능력

처음 장사를 시작했을 때 아이템을 선정하는 능력은 매우 중요합니다. 하지만 대부분 이러한 능력은 없습니다. 저 역시 장사를 처음 시작했을 때 요식업에 대한 특별한 기술이 없다 보니 대중적인 메뉴를 선택했습니다. 제가 현재 운영하는 브랜드 중의 하나인 송도 삼겹살 맛집 역시 삼겹살과 목살 2가지 메뉴만으로 영업합니다. 총 4가지의 메뉴이지만 부위는 2가지로 4가지의 메뉴를 만들어 낸 거죠. 바로 삼겹살이란 메뉴에서 나만의 색을 넣은 겁니다.

삼겹살은 누구나 좋아하는 메뉴입니다. 하지만 나만의 방식으로 바꿨습니다. 누구나 와서 먹어도 편안한 카페 같은 분위기, 그리고 아끼지 않은 푸짐한 먹을거리, 거기에 불 쇼를 통한 퍼포먼스와 볼

거리까지 제공합니다. 이렇듯 본인만의 특별함이 있어야 합니다.

삼겹살로도 부자가 될 수 있다. 본인만의 색이 있다면

송도매장은 10년째 한자리에 있으면서 메뉴가 단 한 번도 바뀐적이 없습니다. 송도에서는 초창기에 오픈한 매장으로 터줏대감처럼 자리 잡고 있기 때문입니다. 메뉴 개발을 안 해도 손님들이 찾아주고 계십니다. 아주 큰돈을 버는 건 아니지만 아이 셋을 키우며 부족함이 없을 만큼 벌고 있습니다. 송도에서 삼겹살이 먹고 싶을 때 "삼겹살 하면 그 집!"이 딱 생각나게끔. 처음에는 송도에서 거의 독식을 했습니다. 거짓말을 조금 더 해서 대기를 100m 정도 서 있었으니 그 인기는 예상이 되겠죠.

10년이 지난 지금 저희 매장 주변에는 엄청나게 많은 고기 집이 들어와 있습니다. 그래도 아직도 이 동네에서는 1등을 하고 있다고 생각합니다. 대중적인 메뉴로 매장을 오픈하고 바로 사장 본인을 브랜딩 하는 겁니다. 손님들에게 친절함과 인심 좋은 사장으로 알리는 겁니다. 또 사장은 그렇게 행동해야 합니다. 손님들에게 매장을 각인시키는 것이 아닌 사장과 직원을 각인시키는 겁니다.

제가 가장 많이 듣는 질문 중의 하나가 이겁니다. "지금 장사를 시작해도 괜찮을까요?" 당연히 괜찮습니다. 오히려 빨리 시작하면 시작할수록 좋다고 생각합니다. 다만 위에 말씀드린 부분만 정확히 알고 시작하면 됩니다. 음식은 기본으로 맛있고 손님들에게 진심으로 친절하게 대하고 손님과의 친분을 쌓고 정을 나누어 준다면 분명 그 매장은 잘 될 겁니다.

내 매장만의 색을 찾으면 됩니다. 제가 장담하는 이유는 열 군데의 매장 중 아홉 군데는 그렇게 안 하고 있기 때문입니다.

Part II.

세금

세금

우리가 매장을 운영하면서 중요한 것 중 하나가 바로 세금입니다, 하지만 대부분 사장님은 세금에 대한 이해가 부족하여 막상 상황에 부딪혔을 때 그때 해결하려 합니다. 그리고 모든 걸 세무사사무실에만 의존하려 합니다. 본인이 알고 있으면 불필요한 세금을 많이 줄일 수 있습니다.

세금을 덜 낼 방법을 정말 알기 쉽게 알려드리도록 하겠습니다.
세금을 적게 내려면 바로 비용처리를 잘해야 합니다. 특히 요식업은 앞으로 남고 뒤로까지는 상황을 너무 많이 봅니다. 몇 가지 제가 아는 걸 예를 들어보겠습니다.

Q1. 비용처리는 잘하고 있나요?

Q2. 부가가치세 신고를 위한 준비는 잘 진행이 되고 있나요?

Q3. 종합소득세 신고를 위한 준비는 잘 진행이 되고 있나요?

Q4. 직원들에 대한 경비처리와 아르바이트생들에 대한 경비처리는 잘 되고 있나요?

위에 질문들은 우리가 생각해 보아야 하는 매우 당연한 이야기들 입니다. 그런 것보다 더 중요한 건 세금에 대한 이해와 활용을 먼저 아는 게 중요합니다.

부가세

> ■ 부가세란? 부가가치세의 줄임말로써 재화나 용역에 생성되는 부가가치에 부과되는 조세로서 간접세에 해당한다. 우리가 구매하는 품목 중 통상 10%의 부가가치세가 부여됩니다.

부가세 신고에 대해서는 다들 잘 준비하고 있나요?

"어떠한 물건이 되었든 물건을 사들일 때 무조건 부가세 받아라" 입니다. 받는 습관을 만들어야 합니다. 이게 정말 버릇이 됩니다. **"현찰로 구매하니 싸게 달라?"** 이런 게 나한테는 더 손해라는 것을 알아야 합니다. 하지만 초보 사장님들은 이게 물건을 싸게 산다고 생각합니다. 절대 아닙니다. 이게 바로 앞으로 남고 뒤로까지는 행동입니다. 무조건 부가세를 끊어야 합니다.

간혹 거래처 사장님들 중 물건을 판매하며 부가세만큼 할인해주는 대신 증빙 처리를 하지 않으려고 하는 거래처 사장님들이 있습니다. 이러면 부가세뿐만 아니라 소득세·법인세 신고할 때 경비지출액을 사업비용으로 인정받지 못하거나 가산 비율을 높이 부담하므로 더 큰 손해를 보게 되니 조심해야 합니다.

'내가 경비로 지출한 부분은 반드시 증빙되어야 한다'

거래처에서 부가세 달라고 하면 오히려 감사해야 합니다. 부가세 달라는 거주고 무조건 세금계산서를 받아야 합니다. 이게 남는 장사입니다. 설사 거래처에서 부가세를 말 안 하면 돈을 더 주고라도 부가세를 끊길 바랍니다. 이게 뭐가 좋을까요? 부가세만 아끼는 것이 아니라 바로 소득세도 줄여주기 때문입니다. 가장 중요한 건 나중에 종합소득세 폭탄을 피할 수 있습니다.

종합소득세 폭탄 맞는 이유

첫째: 위에 말한 대로 모든 부분을 자료로 남기지 않고 현찰 거래를 한 경우

둘째: 본인 명의로 여러 개의 사업장을 운영하는 경우

위의 2가지로 인해 종합소득세 폭탄 맞는 분들이 있습니다. 그런데 재미있는 건 부가세 신고 기간에 대해 조금씩은 알고 있지만, 대부분 사장님이 넣 놓고 있다가 부가세 신고 기간이 바로 코앞에 와서 당황한다는 겁니다.

간혹 노력도 해보지 않고 전전긍긍하다 세금계산서를 만들어 오는 분들도 있습니다. 이건 정말 위험하고 범죄 행위라는 사실을 잊으면 안됩니다. 다시 돌아가서 부가세 납부 기한은 일반사업자일 경우 1년에 2번, 간이과세자는 1년에 1번, 법인은 1년에 4번 신고를 합니다.

신규사업자 꼭 간이과세로 시작하세요

초보 사장님들이 처음 사업을 시작하면서 사업자를 낼 때 일반사업자로 내는 경우가 많이 있습니다. 그런데 처음부터 그렇게 할 필요가 없습니다. 세무서에서 사업자를 만들면서 무조건 간이 사업자로 시작을 해야 합니다. 위에서도 간이 사업자에 관해 설명했지만 앞으로 사업이 어찌 될지 모르니 작은 규모의 사업임을 말하고 간이과세 사업자로 사업자를 내면 부가세를 내지 않기 때문에 최소 6개월에서 1년간은 사업에 많은 도움이 됩니다.

간이과세 사업자도 종합소득세를 냅니다

이 부분을 착각하고 있는 초보 사장님들이 많이 있습니다. 세금을 안 낸다고 생각하는 거죠. 꼭 알고 있어야 하는 부분이 연 매출 8천만 원(2020년 10월부로 4,800만 원에서 상향 조정됨) 미만의 사업자도 똑같이 종합소득세를 내야 합니다. 간이과세 사업자는 부가세를 안 내는 거지 종합소득세는 똑같이 낸다는 사실을 알고 있으면 됩니다.

할 수 있으면 공동사업자로 해라 100% 세금 줄이는 방법

꼭 알아 두어야 할 게 있습니다. 소득세는 누진구조입니다. 수익이 높으면 높을수록 높은 세금을 낸다는 겁니다. 부부가 아파트를 살 때 공동명의로 하면 세금을 줄일 수 있습니다. 각자 세금이 나누어 나가기 때문입니다.

사업도 마찬가지입니다. 이 부분 활용하면 장점이 많이 있습니다. 할 수만 있다면 공동명의로 사업을 하는 것도 나쁘지 않습니다. 절세 효과가 꽤 있기 때문입니다. 확실한 건 소득세는 둘이 내는 게 훨씬 이득이라는 겁니다. 하지만 부가세 등은 거래세이기 때문에 공동사업자로 한다고 해서 세금이 줄어드는 것은 아닙니다. 소득세만 혜택을 봐도 좋은 거지요.

누진세율은 6%~45%까지 총 8단계로 나누어지는데 이처럼 구간별 세율 차이가 크기 때문에 우린 밑에 단계로 적용을 받아야 세금을 아낄 수 있는 겁니다.

◆ 2021년 종합소득세 과세표준 비교표 ◆

2021년 종합소득세율 개정 내용		
과세표준구간	세율	누진공제(원)
1,200만원 이하	6%	0
1,200만원 초과~4,600만원 이하	15%	1,080,000
4,600만원 초과~8,800만원 이하	24%	5,220,000
8,800만원 초과~1.5억원 이하	35%	14,900,000
1.5억원 초과~3억원 이하	38%	19,400,000
3억원 초과~5억원 이하	40%	25,400,000
5억원 초과~10억원 이하	42%	35,400,000
10억원 초과	45%	65,400,000

공동명의로 등록하는 부분도 상당히 쉽습니다. 동업계약서 역시 A4용지에다 자필로 본인들의 내용과 지분 관계만 정리하여 제출하면 됩

니다. 쉽게 설명하면 혼자서 사업을 하면 1년간 발생한 수익금이 혼자의 것으로 되기 때문에 저절로 누진율이 높아질 수밖에 없습니다. 하지만 공동명의로 사업을 하면 이 수익을 반으로 나누게 되며 그렇게 되었을 때 각자의 수익금에 맞게 누진율이 내려가게 됩니다.

계산하는 방법은 간략하게 알려드리지만, 이것저것 따져봐야 하는 항목들이 많으니 인터넷에 소득세 계산기를 통해서 계산해 보는 것이 빠릅니다.

그래도 어떻게 계산하는지 간단히 볼까요?

혼자서 사업을 하여 1년 총수입이 1억 원이 발생했다면 35%의 세율이 적용되는 반면에 공동사업자로 나뉘었다면 1억의 수익이 둘로 나뉘어 5천, 5천이 되겠고 세율이 24% 구간으로 내려갑니다. 벌써 세율이 떨어졌지요? 즉 12% 정도의 절세 효과를 볼 수 있다는 겁니다.

그럼 얼마를 아꼈을까요? 혼자서 사업을 했다면 35% 즉 3,500만 원의 세금을 내야하고, 둘이 사업을 했다면 각 5천만 원씩 24%의 세율로 1,200만 원씩. 합치면 2,400만 원인 거죠. 단순하게만 계산을 해도 천만 원 이상의 효과를 봤다는 걸 알 수 있습니다. 물론 상세 계산 방식이 있고, 간략하게 말씀드리는 겁니다. 지금까지 나간 모든 경비를 차감하고 소득공제도 받아야 세율이 결정됩니다. 모든 계산서를 다 발행받아야 하는 이유가 여기에 있습니다.

과세표준 구간이 총 8단계가 있는데 최소 6%에서 최대 45%까지 발생합니다. 결국, 수입이 발생해도 혼자 사업을 해서 혼자서 수익을 가지고 가는 것과 공동명의로 했을 때 소득을 나누어 가지고 감으로 소득세액의 결정이 달라지는 겁니다. 소득액이 낮아짐으로 세금의 차이가 크게 나는 겁니다.

사업자 등록을 미리 하면 세금을 줄일 수 있다.

사업자 등록은 사업을 시작한 뒤에 낼 수 있는 게 아니고 사업을 시작하기 전에도 할 수 있습니다. 꼭 그렇게 하길 추천합니다.

예를 들어 집기를 사면서 부가세를 받는다든지, 장비를 사면서 계산서를 받는다든지, 부동산 임대차 계약을 하면서 권리금을 줄 때 포괄양수도 계약으로 권리금을 경비로 인정을 받는다든지 등… 미리 사업자 등록함으로 계산서를 끊을 수 있는 것들이 상당히 많이 있습니다. 사업자 등록을 미리 해놓고 세금계산서를 발부받아서 세금을 아낄 수 있는 것도 하나의 방법입니다.

하지만 알아야 하는 부분이 있습니다.

첫째: 가족 간 공동명의는 안됩니다.

둘째: 공동대표기 때문에 세금 및 보험료도 각자 내야 합니다. 아무나 넣었다가는 여러 가지 문제가 많이 발생할 수 있습니다.

셋째: 둘이 같이 묶여 있습니다. 한 명이 세금을 안 내면 나머지 한 명이 연대납세의무를 부담해야 합니다.

청년창업세액감면 소득세 면제를 이용하라

창업 당시 만 34세 이하인 사람(군필자는 복무기간만큼 + 된다)

예시) 2년간 군대를 다녀왔다면 만 36세까지 혜택

◆ 면제 지역 범위 ◆

– 2021년 12월 31일까지 – 각 지자체 확인 요망

구분	범위	해당지역
수도권 과밀억제권역 내	50%	• 서울특별시 • 인천광역시 (일부 제외지역: 강화군, 옹진군, 서구 대곡동, 불로동, 마전동 금곡동, 오류동, 왕길동, 당하동, 원당동 인천경제자유구역 및 남동 국가산업단지) • 의정부시, 구리시, 남양주시 일부(호평동, 평내동 금곡동, 일패동 이패동, 삼패동, 가운동, 수석동, 지금동, 수도권 과밀억제권역내: 도농동만 해당), 하남시, 고양시, 수원시, 성남시, 안양시, 부천시, 광명시, 과천시, 의왕시, 군포시, 시흥시(반월특수지역은 제외)
수도권 과밀억제권역 외	100%	수도권 과밀억제권역 내에 해당하지 않는 지역
혜택 기간		사업개시일로부터 5년간 (최초 소득 발생 년과 그다음 4년)

쉽게 말해서 만 15세 이상 만 36세 미만 청년들에게 종합소득세를 면제해 주는 혜택입니다. 현재는 제조업, 건설업, 인력공급 및 고용알선업, 건물 및 산업 설비 청소업 등을 포함한 28개 업종이 감면 혜택을 받을 수 있습니다. 그리고 28개 업종에 안 들어가도 연 매출 4,800만 원 이하의 창업자는 위 조건에 해당하지 않더라도 5년간 소득세를 감면받을 수 있습니다. 쉽게 말해 제가 하는 음식점업도 혜택을 받을 수 있습니다. 1년에 한 번 5월 소득세 신고 시 감면 신청서를 제출하면 됩니다.

법인이면 법인세를 면제해 주고 개인사업자인 경우는 소득세를 면제해 줍니다. 우리가 하는 일반음식점업도 청년창업에 해당한다면 5년간 소득세 면세를 해주니 이 얼마나 큰 혜택이 아닐 수 있겠습니까?

모든 명의는 사업자로 개통하라

꼭 본인 개인 명의로만 핸드폰을 개통할 수 있는 게 아니고 사업자 명의로 핸드폰을 개통할 수 있습니다. 그럼 사업을 위해 핸드폰을 사용한 부분으로 인정이 되기에 거기에 들어간 모든 통신비용이 경비로 인정받는 겁니다.

역시 인터넷도 마찬가지입니다. 기본적으로 매장에서 사용하는 인터넷이나 전화 요금 등의 모든 통신비, 휴대전화기 요금은 통신사에 연락하여 사업자명으로 전환하면 세금계산서를 받을 수 있습니다. 사업자명으로 바꿀 수 있는 공공요금을 전부 바꾸면 도움이 됩니다. 또한 정수기, 보안업체, 대여 제품도 사업자로(세금계산서 발급) 사용할 수 있습니다.

세금을 줄이기 위해 지켜야 할 4가지
첫째: 모든 제품 구매 시 세금계산서 받기
둘째: 세금계산서 발급이 안 되는 경우 계산서 받기
셋째: 신용카드 매출전표 받기, 신용카드 영수증
넷째: 현금영수증 받기

이 4가지만 있으면 모든 게 처리 가능합니다. 위에 4가지를 법적 적격증빙이라 표현합니다. (간단히 말하면 법적 인정 영수증) 그리고 위에 증빙자료만 있으면 홈택스에서 직접 부가세 신고를 할 수 있습니다. 신고 방법은 간단하지만, 어느 정도 매출이 있다면 세무사사무실을 이용하는 것을 권장합니다.

> ■ 한 가지 꿀 Tip! 권리금에 대한 세금계산서 발행도 가능합니다.

단 매장 계약 시 포괄양수도로 계약을 해야 합니다. (매장을 인수할 때 모든 권리와 의무를 다른 사업자에게 승계시키는 것을 의미한다. 즉 매장의 인수, 집기 인수, 권리인수 거기에 직원들까지 승계 받고 모든 걸 다 가지고 오는 것을 의미한다) 실제 제가 운영하는 매장들도 인수금액의 10% 부가세를 꼭 더 주고 권리금에 대한 세금계산서 발행하여 몇 년에 나누어 아주 유용하게 활용하였습니다.

원천징수 3.3% (사업소득세)

원천징수만 잘 활용해도 매우 유용합니다. 일단 모든 직원이 4대 보험에 다 들어가 있어야 합니다.

면접 볼 때 우리 매장은 무조건 4대 보험 든다고 이야기해야 합니다

과거 4대 보험을 신고 안 하는 사례가 많이 있었습니다. 이유는 식당 이모님들이 4대 보험료가 몇 십만 원씩 빠지기에 그다지 좋아하지 않는 거죠. 그러다 보니 4대 보험을 안 들겠다고 하면 사장님들은 울며 겨자 먹기로 보험을 안 들고 엄청난 세금폭탄을 맞곤 합니다. (직원들의 급여 미신고로 인하여 1년간의 급여가 사장의 소득으로 인정되어 종합소득세를 폭탄 맞는 사례)

하지만 이젠 세상이 달라졌습니다. 보험 신고를 안 하는 것은 불법이기 때문입니다. 그런데 이제는 아르바이트생들이 문제입니다.

아르바이트생들도 4대 보험을 들어야 합니다

아르바이트도 4대 보험을 든다는 생각을 항상 해야 합니다. 해야 할 것들을 안 하면 업주들이 비용처리를 못 하게 됩니다. 나중에 아르바이트생들이 퇴직금을 요구할 때 사장님이 "너희들은 4대 보험을 안 들어서 퇴직금 지급도 안 된다."라고 한다면 불법이 됩니다. 그리고 아르바이트생들도 조건 충족 시 퇴직금이 적용됩니다. (1년 이상 365일 근무 시. 또는 일정 시간 충족이 되면 퇴직금을 줘야 하며 4대 보험 역시 들게 되어있음)

4대 보험을 안 들어놓았을 시 문제는 나중에 종합소득세 낼 때 발생합니다. 단기 아르바이트생들도 3.3% 사업소득세원천징수를 꼭 해야 합니다. 장기 근무 시에는 4대 보험 신고를 해야 하고 나중에 아르바이트생이 퇴직금을 요구하면 지금까지 지급한 퇴직금에 대하여 경비처리 할 수 있습니다.

3.3% 원천징수란?

원천징수는 한마디로 고용주가 직원 대신 내는 세금입니다. 즉 사장님이 아르바이트생들의 소득세를 미리 공제해서 급여를 지급하고 세금은 사장님이 내는 겁니다. 우리가 아르바이트를 고용할 때 4대 보험을 안 들어도 받는 금액의 3.3%를 떼서 나라에 세금을 내는 겁니다. (사업소득세) 몇 달씩 근무하게 되면 당연히 4대 보험을 들어야 하는 거고요. 이렇게 하면 인건비가 100%로 지출로 증빙이 됩니다.

여기서 한 가지 고민해보았습니다. 직원은 당연히 4대 보험 들게 하고 아르바이트를 뽑을 때 이렇게 말해보는 겁니다. (4대 보험 들지 않겠다고 하는 아르바이트생들) **"아르바이트생도 4대 보험을 들어야 하는데 본인이 안 들길 원하니 일단 제가 3.3% 원천징수 사업소득세만 떼서 신고하겠습니다."** 그렇게 몇 달간 꾸준히 3.3% 신고를 하면 국세청에서 통보가 옵니다. **"아르바이트생 홍길동 씨 꾸준히 일하고 있으니 4대 보험 가입하세요!"** 그럼 이때 아르바이트생들에게 설명해서 4대 보험으로 전환 시키는 것도 좋은 방법입니다.

결론: 1. 모든 직원을 4대 보험에 가입시킬 것
　　　 2. 아르바이트생도 4대 보험에 가입시킬 것
　　　 3. 아르바이트생 4대 보험 가입이 안 되면 3.3% 원천징수 사업소득세로 신고할 것
　　　 4. 아르바이트생 3.3% 원천징수 사업소득세 신고하면서 차후 국세청의 경고가 들어오면 4대 보험으로 전환
　　　 5. 모든 직원의 퇴직금을 매달 적립 시킬 것

6. 아르바이트생 퇴직금도 미리 준비해 놓을 것

7. 단기 아르바이트생도 3.3% 원천징수 사업소득세 신고할 것

종합소득세

처음 장사를 하거나 아직 장사 경력이 얼마 안 된 분들은 이 부분을 깊게 생각해 봐야 합니다. 장사가 안돼도 문제지만 사실 잘 돼도 문제입니다. 바로 종합소득세 관리 때문입니다. 세금폭탄 맞는 게 바로 이 종합소득세입니다. 개인사업자들의 모든 수입을 총 틀어서 내는 게 종합소득세입니다. 즉 고기 집을 운영하며 수입이 있다면 이 수입의 세금을 내는 것입니다.

만약 직장을 다니면서 고기 집을 운영한다면, 근로소득세와 고기 집에 대한 소득세까지 합산으로 내야 하는 겁니다. 그러므로 절대 착각하면 안 될 게 고기 집에서만 나오는 수익만 따져서 종합소득세를 내는 게 아니라는 것입니다. 만약 직장을 다니며 고기 집을 하는 사장님들이 4대 보험과 3.3% 원천징수 사업소득세를 신고 안 했다면 바로 세금폭탄을 맞는 겁니다.

☆여기서 중요사항

한 명의 이름으로 여러 사업자를 내면 절대 안 됩니다. 여러 사업장의 소득을 다 묶으면 금액이 커지다 보니 결국 높은 구간의 종합소득세를 낼 수밖에 없습니다. 각 사업장의 사장을 나누어 그들이 관리할 수 있게끔 만드는 것도 하나의 요령입니다. 특히 위에 설명한 아르바이트생과 이모님들, 직원들에 대한 안일한 생각으로 지출 증빙을 못 한다면 그 비용들이 고스란히 나의 소득으로 잡혀 큰 세금을 내는 것입니다.

예를 들어 직원 3명이 있는데 한 명당 300만 원씩 지급한다고 가정하면 (1인 연봉 3,600만 원 x 3 = 1억 8백만 원)에 대한 부분이 고스란히 나에게 소득으로 잡히는 거죠. 연 소득 1,200만 원 이하면 세율이 6%밖에 안 되지만 만약 기존 근로소득과 매장 매출이 기본 1억 이상이면 35%의 과표가 잡히므로 약 3천5백만 원 가까이 세금을 내야 한다는 겁니다.

그런데 위에 내용대로만 본다면 직원 3명의 소득이 이미 1억 8백이며 기존 매출에 대한 지출 증빙이 많이 부족할 것이므로 빠진 1억 8백만 원과 나머지 수익 분을 합쳐서 2억이 넘는다면 45%가 넘는 종합소득세를 내는 겁니다. 이야말로 세금폭탄입니다. 종합소득세는 6%~45%까지의 세율 구간 즉 과세표준을 가지고 있습니다. 과세표준에 세율을 곱하고 세액공제를 빼면 실제 신고를 진행해야 할

세액이 나올 수 있습니다.

　제 주위에는 직장과 여러 가지 사업자의 명의를 본인의 이름으로 함으로 정작 본인의 소득은 높지도 않으면서 1년에 1억 이상 세금폭탄을 맞아서 당황해하는 분들이 있습니다. 그렇기에 정말 중요한 부분입니다.

　종합소득세의종류는근로소득, 사업소득, 이자, 배당, 연금소득등이 있습니다. 결국, 나한테 들어오는 모든 수익은 나라에서 이미 감시하고 있다는 겁니다. 하다못해 이자소득까지 말입니다. 소득의 종류가 여러 개 있음을 알고 어디서 어떻게 소득이 나오는지 판단하여 종합소득세를 계산해야 합니다. 간이과세자도 종합소득세를 당연히 내야 합니다. 간이과세자분들도 절대 착각하면 안됩니다.

■ 해결방법 ■

　　여기서 잠깐 이 모든 걸 적용받으려면 증거자료가 있어야 하는데 그걸 적격 증빙이라고 합니다. 적격증빙은 바로 영수증입니다. 아무 영수증은 안되고 부가 세 같은 경우는 사업자가 있어야 하며 판매자와 구매자 정보가 정확히 들어가 있는 영수증이어야 합니다. 그 외 모든 것에 대한 각종 계산서나, 카드 매출전표, 현 금영수증이 있어야 합니다. (간이영수증은 종합소득세를 인정받을 수 있지만, 인 정금액이 3만 원 밖에 안되기 때문에 그것보다 큰 금액은 나누어서 받아야 한다.)

　　처음 장사를 하는 사장님이라면 무조건 영수증을 받아야 한다는 것만 알고 계 시면 됩니다. 세금계산서, 계산서, 신용카드, 체크카드, 현금영수증 이런 것들이 적격증빙으로 인정을 받을 수 있고, 아르바이트생한테 떼는 3.3% 원천징수 영수 도 당연히 적격증빙으로 인정이 됩니다.

　　관리에 따라 1년에 10억 매출을 내는 매장이 종합소득세를 천만 원만 낼 수도 있고 반대로 1년에 1억 매출을 내는 매장이 종합소득세를 천만 원이나 낼 수도 있 습니다. 종합소득세를 관리하는 건 매우 중요한 일입니다.

Part III.

사장의 마인드

사장의 마인드

창업하기 전 꼭 알아야 하는 사장의 마음가짐

우리는 직원들이 사장님에게 배울 게 많은 사장이 되어야 합니다. 직원들 관점에서 나도 우리 사장님처럼 될 수 있다는 '성공자 적 모델링'이 되어야 합니다. 나는 어떤 사장인지 생각해봐야 합니다.

직원에게 지금 하는 일에 대한 '미래의 비전'을 주고 있는지, 함께 고생한 만큼 미래를 약속할 수 있는지, 항상 긍정적인 이야기와 발전적인 이야기를 해주고 있는지 나를 돌아보아야 합니다. 그렇지 않다면 직원은 나를 따르지 않을 것입니다.

사장은 절대 일희일비하면 안 된다

장사하다 보면 나도 모르게 직원들에게 속내를 내비치는 경우가 상당히 많습니다. 그중 하지 말아야 할 부분이 바로 직원들에게 매출에 대한 속마음을 내비치는 겁니다.

"오늘 장사가 왜 이러지?" "오늘도 꽝인가?" "오늘도 최저 매출을 찍었네" 중요한 부분은 이런 이야기 자체가 직원들의 힘과 사기를 떨어뜨리는 말이라는 겁니다. 매일 매출을 점검하는 건 좋지만 매출로 인해 즐거워하거나 슬퍼하거나 감정의 변화를 일으키는 건 사장을 지켜보는 직원들도 부담이 돼서 숨통이 막힐 수 있다는 것을 잊으면 안 됩니다.

저 같은 경우는 일주일에 한 번 그리고 한 달에 한 번 제대로 된 점검을 하고 목표에 미달 시 직원들에게 목표를 주었습니다. 질책보다는 격려와 응원을 해야 합니다. 그리고 집중해서 연구하면서 매출을 올려야 하는 거죠. 하루하루 매출을 따지면 사장 본인의 마음도 병들어갑니다.

작은 것에 인색한 사장인가?

먹는 것으로 인해 인색한 사람이 되어서는 안 됩니다. 직원들에게 커피 한 잔 돌리는 걸 아까워하면 안 됩니다. 직원들이 힘들게 일할 때 매장에 캔 음료 정도는 편하게 꺼내 먹을 수 있게 만들어야 합니다. 일하는 직원의 관점에서 다른 매장과 다른 게 있어야 하지 않을까요? 직원들은 작은 것에 감동하고, 좋아합니다. 어디까지나 사장의 마인드입니다.

큰 걸 잘하려는 노력보다 먼저 이런 작은 것들 먼저 잘하는 연습을 해보길 바랍니다. 그러다 보면 저절로 큰 것도 잘하게 됩니다. 장사를 잘하는 사장님들은 직원들에게 정을 나누어 줍니다. 거창한 술자리보다 평소에 작은 것들을 잘 챙겨주는 사장이 되어야 합니다.

중요한 직원에게 그만한 대우를 해주고 있는가?

점장(책임자)은 우리와 다른 입장, 우리와 다른 환경, 우리와 다른 대우를 받으며 일하고 있습니다. 점장이란 어찌 보면 아주 힘든 자리입니다. 우리가 그들을 어떻게 대하느냐에 따라 그의 자세는 달라집니다.

항상 금전적인 부분에서 정확해야 합니다. 기본적인 급여는 제날짜에 맞추어야 합니다. 그리고 직책에 따라 급여를 줘야 합니다. 점장이나 일반 직원이나 급여가 별반 차이가 없다면 점장으로서는 일에 대한 재미를 못 느낄 것입니다. 그렇게 되면 사장이 말하는 꿈과 비전이 그냥 헛소리에 지나지 않습니다. 떠버리 사장에 지나지 않습니다.

상황이 부족하더라도 평소에 작은 것을 잘해주고 정을 듬뿍 주고, 직책에 맞는 대우를 해준다면, 그리고 진심으로 직원들에게 조금씩 좋게 만들어 주겠다는 약속을 한다면 직원과 사장 사이에 신뢰와 믿음이 생기는 길입니다. 단 사장 자신도 계속 그 약속을 인지하고 지켜야 합니다.

성공이라는 종착역까지 만날 수 없는 점장(직원)과 사장의 평행선

사장은 점장(직원)과 늘 닿을 수 있지만 닿을 수 없는 평행선을 유지해야 합니다. 한 방향을 함께 바라보고 가는 기찻길과 같습니다.

철길처럼 한 평면에 두 선이 있지만 절대 만날 수는 없는 것. 만날 수 있지만, 그때까지 안 만나는 겁니다. 우린 그런 원칙과 절제를 아는 사장이 되어야 합니다. 그 선을 넘는 순간 우리는 많은 것을 잃게 됩니다. 한 방향으로 함께 가지만 그 거리를 넓히지도 좁히지도 않는 것이 바로 장사의 비법입니다. 하지만 대부분 사장이 먼저 이 선을 깨면서 문제가 발생합니다.

이 부분은 현재 장사를 하는 사장님이라면 진심으로 심각하게 생각해 봐야 할 문제입니다. 평행선 없이 마냥 좋기만 한 사장은 결국 본인의 위치를 잃고 힘들어합니다. 그리고 나중에 이런 이야기를 하지요. "직원들은 잘해줄 필요가 없어!" 절대 그렇지 않습니다.

저 같은 경우 같은 방향을 가는 점장 종환 군이 있습니다. 모든 걸 함께하고 아끼고 공유하지만 절대 넘어서는 안 되는 선을 지키고 있습니다. 이제 상세하게 어떠한 부분을 넘어서면 안 되는지 제 이야기를 들려드리겠습니다. 이야기를 통해 본인에게 맞는 매뉴얼을 꼭 만들길 바랍니다.

첫째, 절대 사적인 관계는 금물

사장이 절대 해서는 안 되는 일 첫 번째는 술 한잔 마시며 "그냥 편하게 말씀 낮추세요!"입니다. 이 말을 하는 순간 평행선 이론이 깨지는 겁니다. 우리는 장사하며 이 선이 얼마나 중요한지 모릅니다. 이 선은 성공했을 때 가능한 평행이론이며 그전까지는 절대 그 선을 넘으면 안 됩니다.

그날은 기분 좋게 형과 아우로 술을 마시며 행복한 시간을 보낼

순 있지만, 다음날부터는 점점 직원이 변해 가는 모습을 볼 수 있습니다. 저는 간혹 선을 넘는 직원들이 있다면 이렇게 말합니다.

"제가 개인적으로 만났다면 삼촌이자 큰 형님처럼 깍듯하게 모실수 있지만, 지금은 제 사업체에서 사장과 직원으로 만났기 때문에그 부분은 이해해주시고 제 말을 따라 주셔야 합니다."라고 잘라서이야기합니다. 선을 그어 주는 거죠. 그게 사업입니다.

둘째, 회식과 술자리에 대한 원칙

회식하더라도 사장은 1차만 참여하는 것이 좋습니다. 2차부터는직원에게 현금이나 카드를 주고 깔끔히 자리를 일어나야 멋진 사장님입니다. 끝까지 자리를 지키는 것이 멋진 사장님이라고 생각할 수있지만, 시간이 길어지며 술을 먹을수록 안 좋은 모습을 볼 수 있으며 결국 직원이 개개인의 불만이 터져 나오고 이내 분위기는 엉망이되는 것을 우리는 흔히 보아왔습니다.

셋째, 직원들에게 다른 직원의 험담을 절대 해서는 안 된다

직원들과 함께 대화하다 보면 나도 모르게 직원들의 험담이나 이웃의 험담을 하는 경우가 있습니다. 말은 돌고 도는데 그냥 도는 게아니고 이자를 부쳐서 돈다는 것을 잊으면 안 됩니다. 절대 남의 말을 즐기는 사장님이 되면 안 됩니다. 만약 직원들이 있는 곳에서 다른 직원들의 험담을 한다면 직원들은 '사장님은 내가 없을 때도 나를 저렇게 이야기하겠구나!'라고 생각하며 사장을 신뢰하지 않으며 어떤 말을 해도 믿지 않게 됩니다.

넷째, 손님에 대한 욕을 하면 안 된다

사장은 절대 손님의 뒷말이나 안 좋은 이야기를 하면 안 됩니다. 예를 들어 손님 4명이 왔는데 사장이 점장에게 "4명이 왔는데 2인분 시키는 게 말이 되냐?" "5번 테이블 정말 짜증 나지 않냐?" "무슨 비싼 김치를 판에 깔아 달라고 할 수 있냐?"

시간이 지나면 직원들 역시 손님을 욕하게 되며 직원의 그런 태도가 겉으로 배어 나오는 것을 손님들은 눈치채게 됩니다. 그리고 직원들이 손님들에게 하는 서비스는 당연히 엉망이 됩니다. 그래서 사장은 직원이 손님에 대한 안 좋은 말을 하면 정확히 잡아줘야 합니다. 이러한 부분을 처음 입사할 때 메뉴얼에 있으면 교육자료로 도움이 됩니다. 사장 스스로가 손님을 소중히 대하고 손님을 대접하는 자세를 항상 유지한다면 직원들 역시 그런 사장을 본받고 손님들에게 잘하려 노력할 겁니다.

다섯째, '직원 관리의 골든타임' 직원의 잘못을 잡아주는 사장이 되어야 한다

점장(직원)의 실수를 어디까지 이해할 수 있을까요? 일하다 보면 사람이기에 실수할 수 있습니다. 중요한 건 같은 실수를 반복하면 안 된다는 겁니다. 좋은 점장은 최대한 실수를 줄여나가는 점장이며 같은 실수를 안 하는 직원입니다.

우리 사장님들이 꼭 알아야 할 부분은 점장은 사장이 아니라는 겁니다. 그렇기에 완벽할 수 없습니다. 처음부터 이해하고 하나하나 친절하게 알려 주어야 합니다. 그리고 점장은 실수했을 때 자신의 실수를 인정하고 사장님에게 이야기해야 합니다. 인정하고 문제를 바로 잡는 건 아주 좋은 자세입니다. 하지만 대부분 말을 안 하고 본인이 해결하려 합니다. 이런 일들이 반복되면 점장은 신뢰를 잃어가게 됩니다.

사장은 직원이 실수하거나 말도 안 되는 행동을 하였을 때 그때 바로 잡으려고 하지 말고 직원 스스로 생각할 시간을 주고 꼭 그날이 가기 전에 말해주어야 합니다. 혼내는 것이 아니라 잘못된 부분을 정확히 짚어줘야 합니다. 진심 어린 대화로 풀어간다면 문제를 바로잡을 수 있습니다.

나는 어떠한 사장인가?
진정 입으로만 위하는 것이 아닌 진실한 마음으로 점장(직원)을 먼저 알아주고, 인정해 주고, 챙겨주었을 때 서로 간에 진정한 믿음이 생기고 마음의 대화를 할 수 있다는 것을 잊으면 안 됩니다

　나는 직원들이 믿고 따를 수 있는 사장인지 한번 생각해 보길 바랍니다. 혼을 내더라도 단둘이 있는 곳에서 내가 진심으로 너를 믿고 잘 되게 해준다는 것을 알려 주어야 합니다. 혼을 내는 것도 중요하지만 혼낸 후 힘을 주고 응원해 주는 것 진정으로 마음을 다독여 주는 것이 더욱더 중요하지 않을까 생각해 봅니다.

　적은 돈, 작은 이익, 별거 아닌 것에 연연하는 사장이 안 되시길 진심으로 바랍니다. 사장의 이러한 행동이 직원을 망가뜨리는 첫 번째 잘못이라 생각합니다.

사람을 관리하는 능력

　우리가 장사하며 가장 중요한 능력은 바로 사람 관리능력입니다. 하지만 창업자 대부분이 이러한 부분에는 훈련이 안 되어있거나 준비가 안 되어있습니다. 이 책을 통해 사람 관리능력에 대해 이해하고 배울 수 있다면 성공적인 창업에 도움이 되리라 믿습니다.

　저의 가장 큰 능력 중의 하나가 바로 '사람을 관리하는 능력'입니

다. 그런데 이게 그냥 만들어진 게 아닙니다. 수없이 많은 시행착오와 사건·사고를 겪으며 생긴 부분입니다. 제가 단지 다른 사람과 달랐던 건 문제를 겪을 때마다 문제에 대한 본질적인 피드백을 했다는 겁니다. 그리고는 다시 사람을 믿어가며 부딪치며 능력을 만들었습니다. 그 문제가 왜 생겼는지를 명확히 짚고 넘어간 후 재발하지 않게 노력을 한 겁니다.

막연하게 사람을 대하면 안 됩니다. 항상 대화할 때 사람의 눈을 보며 대화를 나누어야 합니다. 상대방의 눈빛을 들여다보면 그 사람이 보입니다. 제가 원하는 저의 모습은 **"눈빛이 살아있는 사람"** 입니다.

직원 면접 방법
처음 직원을 면접 보는 순간부터가 중요합니다. 면접을 볼 때 정확히 그 사람을 봐야 합니다. 그래서 저는 항상 면접 시 상세이력서와 원초본(전 주소 포함)을 가지고 오라고 합니다. (상세이력서: 본인의 소개와 기존의 일했던 곳들을 상세하고 정확히 적는 것)

상세이력서만 사장이 꼼꼼히 읽어봐도 그 친구를 알 수 있습니다. 하나하나 질문하면서 그 사람의 눈빛을 보면 그 사람이 어떻게 살아왔는지 볼 수 있습니다. 그리고 제가 원초본(전 주소 포함)을 보는 이유는 이 사람의 지금까지의 거주지가 어땠는지를 보는 겁니다.

문제가 있는 사람은 여기저기를 떠돌아다닐 확률이 높습니다. 그래서 저는 점장과 같은 중요한 직책을 맡길 때는 소득금액증명원을 가지고 오라고 합니다. 그 친구가 정상적으로 근무를 했다면 지금까지 본인 소득에 대해 신고를 했기 때문입니다.

문제는 직원들이 어떤 경력이 있다고 이력서에 써와도 검증이 안된다는 겁니다. 하지만 함께 일할 직원은 내 매장에 그만큼 큰 영향을 미치기 때문에 처음 면접 볼 때가 정말 중요하다고 생각합니다. 면접 시 아래에 해당하는 사람은 고용을 안 하는 게 좋습니다.

1. 처음부터 상세이력서나 원초본을 안 가지고 오는 사람, 시간 개념이 없는 사람
2. 첫 만남 시 표정이 어둡거나 말수가 적은 사람, 우울함이 보이는 사람
3. 복장이 안 좋으며 말투와 자세가 안 좋은 사람
4. 본인의 거주지가 불분명하거나 가족이 불분명한 사람, 또는 어떤 일을 했는지 불분명 한 사람
5. 나의 매장에 올 사람이 아닐 정도로 본인의 경력이 화려하거나, 경력을 내세워서 어필하는 사람
6. 지나치게 하나하나 캐묻는 사람, 시급과 급여에 관련된 부분은 당연하지만, 하나하나 짚고 넘어가는 사람. 제 경험상 이런

사람들은 지극히 개인주의적인 사람이기에 본인에게 조금만 안 맞아도 문제를 일으킬 확률이 높습니다.

사장님이 절대 해서는 안 되는 일

때론 사장님들이 사람이 부족하여 "그래 한번 일해봐!" 했을 때 그 친구가 문제가 있으면 내보내기도 힘듭니다. 내 매장에 사람을 들인다는 건 매우 중요한 부분이며 신중해야 할 일입니다.

창업을 준비 중인 분들은 좋은 자리, 좋은 매장, 맛있는 음식, 좋은 브랜드만 생각할 게 아니고 이러한 부분을 꼭 머리에 넣고 공부해야 합니다. 진심으로 그 사람을 눈여겨보셔야 합니다. 그리고 솔직한 모습을 보여주고 진심을 전달해야 합니다.

예를 들어 "나는 어떠한 마음으로 매장을 오픈했는지, 내가 이 매장에 얼마나 애착이 크며 노력하고 있는지, 앞으로 어떤 매장을 만들어 갈 건지 앞으로 이 매장을 위해 열심히 일해 주는 사람에게 어떻게 보상을 해줄 것인지 이런 이야기를 해주는 것도 중요합니다.

사장도 직원을 잘 만나야 하지만 직원도 사장을 잘 만나야 합니다. 그러니 직원을 뽑는다고 생각하지 마시고 가족을 맞이한다는 마음으로 하면 직원도 그 사장을 좋게 봅니다. 그러니 처음부터 갑과 을은 없는 겁니다. 함께 가는 거죠.

착한 사장을 하지 말고 착한 사장이면서 원칙이 있는 사장이 돼라

그냥 좋은 사장이 되는 건 안 됩니다. 바보처럼 착한 사장은 결국 상처만 안고 폐업하게 됩니다. 사장만의 원칙과 메뉴얼을 준비해야 합니다. 직원들에게 잘해줄 땐 한없이 잘해주고 문제가 있을 땐 메뉴얼 안에서 바로 잡아주는 사장이 되어야 합니다. 본인의 원칙을 만들어 상을 줄 때와 벌을 줄 때를 정하고 직원과의 평행이론을 절대 깨면 안 됩니다. 그리고 직원들에게 잘해줄 때는 무엇을 바라고 해주면 안 됩니다. 그게 처음에는 밭에 씨를 뿌리는 거지만 나중에는 열매를 얻을 수 있습니다.

사장만의 원칙 메뉴얼을 만들어라

매장의 원칙 메뉴얼를 만들고 평행이론 속 직원과의 원칙 메뉴얼도 만들어야 합니다. 메뉴얼 만드는 방법은 아래와 같습니다. 제 글 속에서 본인에게 맞는 부분을 정리하길 바랍니다. 예를 들어 직원과의 면접 시 꼭 지켜야 할 상황에서 상세이력서와 기본서류를 가지고 온다거나 직원 관리 방법에서 직원이 실수하거나 잘못을 해도 다른 직원들이 있는 곳에서 절대 혼내거나 다그치지 않는다. 이렇게 말입니다. 본인만의 원칙을 세운 다음 그 부분이 어긋나면 그때 바로 잡아주어야 합니다.

좋은 직원을 찾는 방법

제가 일전에도 말씀드렸듯 우린 성공행으로 가는 버스의 운전사입니다. 성공행으로 가며 방향이 같은 사람은 내 버스에 태우면 됩니다. 그리고 가는 동안 버스 안에서 많은 이야기를 나눕니다. 목적지가 같은지 알았는데 목적지가 다르다면 기분 좋게 "안녕"하며 내려주면 됩니다. 그리고 또 목적지가 같은 사람을 태우며 여행을 하는 겁니다. 이걸 두려워하면 안 됩니다. 결국, 사업은 내사람 찾기 게임인 거죠. 그러니 언제든 내 버스에 탈 수도 있고 내릴 수도 있다고 생각하면 편합니다.

문제를 해결하는 능력

우린 수없이 많은 문제에 부딪힙니다. 문제의 연속이고 고민의 순간이 계속 오고 매일 선택의 갈림길에 서 있기도 합니다. 저는 이걸 풀어가는 게 사업이라고 생각합니다. 문제로 보지 않고 사업으로 보는 거죠.

먼저 하루의 중요한 업무를 적고 순서를 정합니다. 그리고 하나 하나 해결해 갑니다. 먼저 해결해야 하는 부분은 위로 올리고 조금 덜 급한 것은 뒤로 미룹니다. 그리고 문제가 잘 안 풀리는 것은 뛰어넘고 다음 문제를 해결합니다. 한 번에 많은 것을 해결하려 하면 안

됩니다. 시간을 적절히 이용해야 합니다. 메모하는 습관 순서를 정한 후 그대로 진행하는 습관을 기르셔야 합니다.

저는 하루에 한가지씩만 해결하려고 합니다. 그 한 가지가 해결되면 다음 문제도 쉽게 해결됩니다. 이런 습관이 들여지면 많은 일이 해결됨을 알 수 있습니다. 점장에게도 마찬가지로 한가지씩 해결하라고 이야기를 해줍니다. 저는 이게 어떻게 문제를 해결해야 하는지 모르는 직원들에게 중요한 가르침이라고 생각합니다.

문제를 바라보는 능력

어떠한 일이 발생하더라도 사장은 절대 흥분하거나 도가 지나친 행동을 하면 안 됩니다. 3초만 잠깐 참고 다시 보면 문제를 바라보는 능력이 생깁니다. 본질을 바라본 후 내가 이러한 말을 했을 때 어떠한 일이 발생하는지는 우리는 알 수 있습니다.

앞 가게가 잘 돼야 내 가게도 잘된다

창업하기 전에 꼭 이런 마인드로 매장을 개점하길 바랍니다. 그렇기에 주위에 매장과 갈등 없이 잘 지내는 것이 중요합니다. 웃으며 먼저 인사를 건네는 게 사람과 사람을 이어주는 계기가 될 겁니다.

사실 과거의 저는 불같은 성격과 행동으로 내가 잘못한 게 아님에도 문제가 발생하면 그게 너무 억울해서 험한 말과 행동으로 주위에 사람을 실망하게 했습니다. 결국, 안 좋은 결과로 마음속의 상처들로 힘든 시간을 보냈습니다. 하지만 조금씩 반성을 하고 생각해 보고 행동을 하다 보니 지금은 많이 달라졌습니다. 어느덧 본인의 달라진 모습에 깜짝 놀랍게 될 겁니다. 이게 바로 문제를 바라보는 능력입니다.

매사에 '그래 그럴 수 있지!'라는 마인드로 살아라

우리의 매장이 잘되게 하는 방법 중 한 가지는 바로 사장이 이해할 수 있는 부분은 '그래! 그럴 수도 있지'라고 생각하는 겁니다. 이 부분은 사장뿐만 아니라 많은 사람에게 중요한 부분입니다.

코로나 시대에 아무래도 작은 일에도 민감하신 분들이 많아졌습니다. 그런데 **이런 분들의 특징이 본인은 그런지를 모른다는 겁니다.** 더욱이 안타까운 부분은 **주위 사람들이 이런 부분을 잘 안 알려 줍니다.** 그래서 우리는 매사에 "그래 그럴 수도 있지"라는 마인드를 가지고 자꾸 연습해야 합니다. 그러면 조금씩 좋아지는 걸 볼 수 있습니다. 연습을 통해 내려놓는 겁니다. **이러려면 사장 본인이 완벽해 지려 하면 안 됩니다. 본인이 모든 걸 하려고 하면 안 됩니다.**

모든 걸 내가 다 하려 하지 말고 직원에게 맡겨야 합니다. 직원이 실수하더라도 그 자리에서 이야기하지 말고 메모해 두었다가 나중에 이야기를 해주셔야 합니다. 그냥 움직일 수 있게 하는 것이 가장 중요합니다. 바로 중지시킬 문제가 아니라면 말입니다.

내가 계속 직접 나서면 복제사업의 시스템을 만들 수가 없습니다. 그러면 평생 내가 직접 움직여야 합니다. 나이를 먹어도 몸을 써가며 내가 열심히 일해야 한다는 뜻입니다. 그러므로 사장은 내려놓을 줄도 알아야 합니다.

계속되는 지적은 직원을 작게 만든다

그 자리에서 바로 잡아주고 알려준다는 게 직원으로서는 부끄럽고 피하고 싶은 상황일 수 있습니다. 이런 상황이 반복되면 직원은 위축되어 실수가 더 잦아지고 사장은 그런 직원을 보면서 또 짜증을 부립니다. 이게 바로 직원과의 갈등을 만드는 주된 원인입니다. 중요한 것은 부족한 직원이 있더라도 시간을 주고 "그럴 수도 있지!"라는 마음으로 맡기고 지켜봐 주어야 합니다.

바뀌어야겠다고 결심한 이유

저 역시도 과거에는 모든 일을 복잡하게 생각하고 내 생각이 옳다고 자기중심적으로 살아왔던 시절도 있었습니다. 하지만 나이를 먹고 가족이 생기고 사랑하는 자식들이 생기니 세상이 무섭다는 것도 느끼고 내가 했던 행동들이 부끄러운 행동이었다는 걸 알았습니다.

나의 싸움은 늘 옳은 싸움이었다

어떠한 사람과 다퉈도 분명 저는 제가 옳았습니다. 그런데 문제는 유독 저에게만 다툼이 자주 일어났고 그럴 때마다 '나한테 왜 자꾸 갈등이 일어날까?'라는 생각보다는 '내가 옳다'고 생각했습니다. 나 자신을 합리화시킨 거죠. 하지만 세상에는 옳은 싸움은 없습니다. 싸움이 잦아지면서 저 스스로가 세상을 어렵게 보고 있다는 걸 깨달았습니다. 작은 부분을 그냥 넘길 줄 아는 여유가 없는 저의 문제였습니다.

나의 싸움으로 벌어지는 현실적인 문제

내가 아무리 옳다고 생각해서 싸움을 했더라도 싸움이 자꾸 발생하고, 모든 사람이 나를 다 떠나간다면 그건 옳은 싸움이 아니라는 것을 깨닫게 됐습니다. 결국, 저는 '내 이기적인 마음에서 만들어진 삐뚤어진 행동'이라는 것을 알았습니다. 문제의 원인은 저의 자만심과 이기심이었습니다.

생각을 바꾸다

저의 문제를 알게 되었고, 생각을 바꾸게 되었습니다. 바로 "그래 그럴 수도 있지!"라는 생각하게 된 겁니다. 그렇게 마음을 바꾸고 사람을 대하다 보니 웬만한 건 이해 할 수 있게 되었고 그 사람의 행동을 좀 더 여유를 갖고 지켜볼 수 있게 되었습니다. 덕분에 그 사람의 진가를 더 들여다볼 수 있게 되었고 좋은 사람을 알아볼 수 있게 되었습니다.

부처님이 말하는 4종류의 사람들

잠깐 부처님 이야기 중에 가슴에 와 닿은 이야기를 해보겠습니다. 부처님이 세상에는 4종류의 사람이 있다고 합니다.

첫째 : 상대가 가만히 있는데 상대가 그냥 미워서 성질내며 싸움을 거는 사람

둘째 : 상대가 싸움을 걸어오니 같이 싸우는 사람

셋째 : 상대가 싸움을 걸어와도 참는 사람

넷째 : 상대가 싸움을 걸어와도 그냥 웃음으로 넘기는 사람

여러분은 몇 번째 사람에 속하시나요?

네 번째 사람은 부처님과 같은 사람입니다. 사랑하는 아이들을 생각해 보면 답이 나옵니다. 사랑하는 막내딸이 배가 고프다고 짜증 내고 소리 질러도 우리는 어떻습니까? 마냥 이쁘고 귀엽습니다. 아이가 왜 짜증 내고 우는지 우리는 알기 때문에 우린 그 아이를 이해하는 겁니다. 바로 '**상대방을 이해하는 마음**'입니다. 부처님은 상대방이 어떠한 마음인지 알기에 상대방이 화를 내고 욕을 해도 빙긋이 웃을 수가 있는 겁니다. 마치 어린아이를 바라보듯이요.

처음 매장을 오픈할 때 우린 자본에 따라 모든 것이 달라집니다. 자금 여유가 많다면 그만큼 좋은 위치에서 출발하는 건 누구나 다 아는 사실입니다. 처음에 창업할 땐 엄청난 자신감으로 열심히만 하면 될 거란 믿음이 너무나 큽니다. 그런 믿음이 없으면 당연히 도전도 없기에 우린 힘을 내서 시작하는 거죠. 하지만 여기서 가장 중요한 부분은 '**본인의 능력치**'를 절대 벗어나면 안 된다는 것입니다. 본인의 능력을 믿지 말고 본인의 현실적 능력치를 따라가야 합니다. 본인의 자신감은 검증되지 않은 망상에 지날 수 있습니다.

제가 저희 삼겹살 브랜드 송도 본점을 현재 직원들의 '**경영학교**'로 만들었듯이 직원들에게 강조하는 3가지 창업원칙이 있습니다.

1. 바닥부터 시작해 3년간의 직원 생활을 해야 한다.
2. 경험이 쌓이면 우리 지점에서 최소 2년간 점장 생활을 해봐야 한다.
3. 5년이 되었을 때 최소 8천 이상의 자금을 가지고(순수 본인 보유자금, 대출금까지 안고) 출발해야 한다.

물론 8천만 원~1억 원이란 돈이 크다면 큰돈이지만 사실 번듯한 매장을 개점하기에는 턱없이 부족할 수도 있습니다. 그렇기에 15평 ~20평 정도의 크기로 시작해서 키워나가는 거지요.

그리고 결국, 우린 '음식을 파는 장사가' 아닌 '사람의 마음을 얻는 영업 비즈니스'라는 것을 명심해야 합니다. 매장이 크고 번듯해야 잘 된다는 생각은 애초에 버리는 것이 좋습니다.

만약 금융기관의 대출까지 받아서 무리하게 진행했는데 성공하지 못한다면 어마어마한 대가가 돌아올 것입니다. 생활비로 신용대출을 받게 되고 매달 대출로 생활을 하고 또 그 대출을 막기 위한 대출을 받고…

'남의 돈은 칼날을 달고 돌아오는 부메랑과 같다.'
그러니 준비가 안 되어있다면 나의 눈높이에서 시작하길 바랍니다. 매장의 규모가 커야 돈을 많이 버는 것이 아닙니다. 실패했다면 과감히 돌아보고 검사할 건 검사하고 바꿀 건 바꾸어야 합니다. 그러려면 내가 무엇이 잘못된 지 많이 돌아다녀 보고, 사람도 만나보고 나의 문제를 짚어줄 믿고 따르는 사람이 있어야 합니다. 제가 늘 말씀드렸듯이 자신이 믿고 배울 수 있는 그런 사람, 바로 모델링이 있어야 합니다.

Part IV.

직원 관리

직원 관리

제가 장사를 하며 가장 중요하게 생각하는 저만의 직원 관리 시스템이 있습니다. 현재 제가 하는 방식인데 '**자룡이의 직원관리법**'이라는 이름을 붙였고 직원관리법을 상세하게 만들어놨습니다. 이는 3가지 중요 포인트를 가지고 있습니다. 이 내용만 초보 창업자 사장님들이 담아가도 직원 관리에 큰 도움이 될 겁니다.

원: 직원 관리의 골든타임 타이밍을 놓치지 말 것

대부분 사장님이 이 부분을 못 합니다. 꼭 나중에 문제가 발생합니다. 직원이 처음에 실수하거나 잘못을 하면 바로 그 순간이 가장 중요합니다. "어라 저 친구가 왜 그러지?" 그러면서 다음에 잘못하면 꼭 말을 해야겠다고 생각합니다. 하지만 바로 그 첫 번째 타이밍을 놓치면 절대 안 됩니다. 그 부분을 놓치면 그 다음번에 그런 일이 발생하면 더 잡기가 어려워집니다. 이유는 본인이 실수하거나 잘못을 해도 사장이 뭐라고 안 한다 생각하는 겁니다. "어라? 내가 실수를 해도 뭐라고 안 하네?"라고 스스로 착각하게 됩니다.

또한, 사장으로서도 할 말을 제때 못하고 나중에 해야지 하며 스스로가 그런 부분을 참고 참다가 나중에 터트리는 것 역시 해서는 안 될 부분입니다. 그래서 가장 중요한 부분은 바로 직원이 처음에 실수하였을 때 그 첫 번째 '골든타임' 바로 직원 관리의 타이밍을 놓치면 안됩니다.

일단 직원이 잘못하였을 때 절대 해서는 안 되는 행동이 다른 직원이 있는 곳에서 공개적으로 혼내면 안됩니다. 처음 초보 직원에게 일을 알려주다 보면 사장의 관점에서 정말 답답함을 느낄 때가 있습니다. 그런데 본인도 모르게 그 답답함이 감정으로 변해서 그 직원에게 전달되고 있다는 것을 사장만 모르는 겁니다. 절대 답답하고 말귀를 못 알아듣는 그 심정을 감정으로 전달하면 안됩니다.

하나하나 상세히 알려주었음에도 일을 하다 보면 직원들이 실수할 수도 있고 잘못하기도 합니다. 그러면 상세히 알려줘야 하는데 우리나라 요식업계는 사실 말이 먼저 나갑니다. 바로 요식업계의 부정의 역사가 있기 때문입니다. 과거 사장님들은 혼나면서 배우고 맞으면서 배웠다고 이야기를 합니다. 이젠 세상이 바뀌었음에도 아직도 과거의 생각을 하는 분들이 있습니다. 바로 직원들이 잘못하면 눈물 쏙 빠지게 따끔하게 혼내고 알려줘야 한다고 생각합니다. 사실 이 부분이 틀렸다는 게 아닙니다. 문제는 바로 다른 직원이 있거나 공개적인 상황에서 그러한 부분이 발생하면 안 된다는 겁니다.

이는 사람의 근본적인 감정으로 사람이 많은 곳에서 혼이 나면 본인 스스로가 모욕을 느꼈다고 생각을 하고 반감을 갖게 됩니다. 특히 다른 직원들이 있는 곳에서 사장에게 혼이 나면 그 친구는 정말 속상하고 힘들 겁니다. 그게 계속되면 어떻게 되겠습니까? 직원이 실수하거나 잘못을 하여도 그 자리에서 혼내지 마시고 일단 내버려 두시고 시간이 조금 흐르고 매장이 한가해 지면 바로 그때 꼭 잡아주셔야 합니다.

투: 자룡이의 대화법

작은 실수는 그 자리에서 부드럽게 알려주면 되지만 그보다 큰 문제들은 꼭 그날이 가기 전에 바로 잡고 가야 한다고 말씀드렸습니다. 여기서 중요한 부분은 매장보다 인근 커피숍에서 이야기하는 게 더 효과적입니다. 특히 심각한 문제는 더욱더 인근 커피숍에서 말을 하길 바랍니다. 분위기를 환기하고 약간의 긴장감을 만들어 주는 겁니다.

대화법은 여기서부터가 중요합니다. 직원이 커피숍에 왔다면 먼저 사장님이 말을 해야 합니다. 당연히 개인적인 감정은 빼고 말해야 합니다. 항상 문제의 이야기를 솔직담백하게 정확히 말을 해야합니다. 그리고 이야기를 하고 난 후 직원의 표정과 태도를 잘 봐야합니다. 직원이 잘못을 인정하고 사과를 한다면 다독여주고 응원해주고 만약 직원의 자세와 말투가 안 좋다고 한다면 사장은 정말 같이 일하고 싶은데 당신이 변하지 않으면 함께 할 수 없다고 명확히말을 전해야 합니다.

쓰리: 잘못된 부분을 알려주었으면 꼭 결론을 낼 것

대부분 사장님은 말은 길게 해놓고 아무런 결론이 없습니다. 그러면 문제는 되풀이됩니다. 그래서 직원의 잘못을 정확히 짚어주고 결론을 내야 합니다. 예를 들어 "앞으로 한 번만 더 이런 실수가 나오면 시말서를 받도록 하겠습니다"라는 식의 결론을 내면 됩니다. 본인이 잘못하면 불이익을 받는다는 것을 알아야 합니다. 이게 조직 생활이며 직장생활입니다.

좋은 직원을 구하는 것도 중요하지만 직원을 잘 내보내는 것도 중요합니다. 절대 직원을 쉽게 내보내지 못합니다. 그래서 근로계약서를 쓸 때 '시말서를 3회 제출 시 퇴사토록 한다'라는 특약을 넣어두면 도움이 됩니다. 직원들에게 끌려가지 않는 사장의 카리스마가 필요합니다. 직원들은 그런 사장을 보며 절대 함부로 할 수 없습니다. 대부분 문제는 사장님의 우유부단한 성격에서 시작됩니다.

나와 같은 사람을 만들어라

좋은 사람을 만나려면 내가 먼저 좋은 사람이어야 되어야 한다는 것을 잊으시면 안 됩니다. 우리가 이렇게 힘들게 자신을 관리하고 노력한 것은 결국 좋은 사람을 찾기 위함입니다. 제가 말한 사람을 대하는 방법을 조금씩 실천하다 보면 그 사람이 보입니다. 좋은 직원을 만났을 때는 확실히 그 직원을 잡아야 하며 그렇지 않은 직원을 만났을 때는 빨리 정리해야 합니다. 매장의 크고 작음은 중요치 않습니다. 매장이 작으면 더욱더 나와 마음 맞는 사람을 찾을 수 있습니다. 힘들 때 함께 한 사람이 더욱더 소중한 법이니까요.

저는 현재 기존의 고깃집과 다른 프랜차이즈도 진행하며 요식업이 아닌 사업도 진행을 하고 있습니다. 저는 이미 저만의 시스템을 찾았기에 다양한 사업들을 조금 더 수월하게 하고 있습니다. 저만의 방식을 통한 시스템으로 공동 파트너가 회사를 잘 이끌어 가고 있습니다. 제가 관여하는 것은 금전적인 문제와 중요 업무처리 부분입니다.

앞서 말했듯 현재 메인 사업 송도의 고깃집도 나와 같은 사람 '카피맨' 점장 종환 군이 있기에 잘 돌아가고 있습니다. 그런데 한 가지 확실히 알아야 할 부분은 나를 믿고 따르는 그 직원을 확실히 책임져야 한다는 겁니다. 그게 나를 위한 길이라는 것을 알려드리고 싶습니다.

우선 직원을 대함에 있어 거짓이 있으면 안됩니다. 내가 하는 말과 행동이 다르면 거짓입니다. 그래서 우린 지킬 수 있는 말과 행동을 해야 합니다. 그리고 저는 점장 종환 군이 성공해야 내가 성공한다는 것을 알고 있습니다, 그리고 점장 종환 군도 그렇게 생각하게 만들어야 합니다. 이러한 마음을 함께 공유해야 합니다.

우리가 해야 할 역할은 시스템을 만들어 놓은 뒤 조금씩 내려놓아야 합니다. 그를 믿고 맡겨야 합니다. 현재 제가 운영하는 고깃집을 점장이 잘 끌어가고 있고, 지금 점장은 또 다른 매니저를 복제하기 위해 시스템을 전수하고 있습니다. 그렇게 믿고 함께 할 수 있는 사람이 늘어나고, 내가 만들고자 하는 사업은 당연히 좀 더 수월해질 것입니다. 이렇게 되면 한 개의 매장을 운영하나 열 개의 매장을 운영하나 똑같이 운영할 수 있습니다. 그 부분이 바로 사람입니다. 10개의 매장을 운영하더라도 발생하는 문제점들은 대부분 똑같기 때문입니다. 같은 발주, 같은 메뉴, 같은 업무, 같은 거래처, 같은 민원 똑같은 것을 계속 반복하기에 우린 노하우가 쌓이는 겁니다.

이미 저희 고깃집 점장은 23살이라는 나이에 5년간 매장을 운영하며 매장의 구석구석과 손님의 조그만 불편함까지 알고 있습니다. 그리고 이 친구는 손님들의 얼굴을 90% 이상 외우고 있고, 손님이 오면 특유의 미소로 달려가 인사를 합니다. 손님들이 안 좋아할 수가 없습니다. 그런데 그런 점장이 매니저를 복제에 들어갔습니다.

누구나 따라 할 수 있는 직원 관리 방법

나 혼자만 알고 있으면 나 혼자만 바빠집니다. 혼자서만 열심히 일하는 상황이 옵니다. 그럼 절대 성공할 수 없습니다. 이 모든 것들은 나를 시스템 속에 담가서 단련시킨 다음 점장을 '카피맨'으로 만들어 비결을 전수 해 줘야 합니다. 저는 그걸 '복제'라고 표현합니다.

점장이란 그 매장에서 유일무이한 존재가 되어야 한다

사실 이 부분이 사장들이 원하는 것이며 누구나 만들고 싶은 시스템입니다. 그러려면 우선 사장님이 점장의 역할을 만들어 주고 힘을 주어야 합니다. 점장 스스로가 본인의 역할과 해야 할 일을 척척

하는 사람도 있지만, 이는 일부일 뿐 사장님이 정확한 역할과 업무를 알려주셔야 합니다.

저 같은 경우는 주방에서 칼을 잡는다든지, 발주를 넣는다든지, 직원 면접을 보게 한다든지, 발주를 넣는다든지, 직원 관리를 한다든지, 오픈에서부터 마감까지 점장이 할 수 있게 정확히 하나하나 알려주고 매뉴얼을 만들어 놓았습니다. 그리고 점장(직원)이 부족한 부분이 있으면 바로 잡아주어야 하며 화를 내는 것보단 알아들을 수 있게 끝없는 인내심을 가지고 진심으로 조금씩 바꿔주어야 합니다. 점장은 일반 직원과는 다르게 대우해 주셔야 합니다. 사장님이 '점장만이 할 수 있는 업무'를 만들어 줘야 합니다.

손님이 많을 땐 직원들은 바빠야 하며 손님이 없으면 직원들은 더 바빠야 한다

생각해 보면 해야 할 일들이 많이 있습니다. 손님이 없을 때는 구석구석 청소를 해야 하고, 손님 맞을 준비를 해야 합니다. 그래서 매장의 정확한 매뉴얼이 필요합니다. 어떤 매장에서는 점장(직원)이 있어도 그만, 없어도 그만인 존재도 있습니다.

과연 점장의 문제일까요?, 아닐 수도 있습니다. 이 모든 건 사장이 그리 만들었을 수도 있습니다. 문제가 있는걸 알면서도 그냥 내버려 두는 사장님들도 있습니다. 결국 본인 스스로가 그렇게 만들어 버린 거죠.

'해결방법 타임 벨 시스템'

손님이 없을 때 계속 일을 시키면 서로 힘들고 지칠 수 있습니다. 그래서 원칙으로 만들어야 합니다. 예를 들어 매장에 2시간~3시간마다 크게 울리는 타임 벨(알람)을 설치하세요. 그래서 2~3시간마다 타임 벨이 울리면 사장님이, 점장님이, 직원이 다 같이 "타임 벨 점검 시간"을 외치게 한 후 각자의 위치에서 모든 걸 점검하게 만드는 겁니다. 주방에서는 주방의 정리와 위생을 점검하고 홀에서는 테이블의 위생 상태, 각종 식기구 점검, 채워야 하는 식자재들, 중간 주방은 그곳에서의 채워야 하는 음식들, 위생들을 점검하고 홀에서는 테이블, 의자, 청소상태 등 준비할 수 있게 만들면 도움이 됩니다. 이 부분이 시스템화되면 좀 더 쾌적하고 깨끗한 매장을 만들 수 있으며, 직원들 역시 본인의 역할을 찾아갈 수 있습니다.

사장님이 해야 할 일

내가 먼저 경력자가 되어 끌고 가야 합니다. 나이와 경력은 아무 소용이 없습니다. 오히려 나이와 경력이 많은 직원으로 인해 힘들어하는 사장님들도 있습니다. 결국, 내 손으로 만들어 내지 않으면 다 똑같은 일반 사람과 같습니다. 먼저 본인 스스로가 본보기가 되어야 하며 그러한 매뉴얼을 지키지 못하였을 시 지킬 수 있도록 관리를 해야 하며 여러 번의 잘못을 진심으로 짚어주고 잡아줬는데도 시정이 안 되면 과감히 해고해야 합니다. 이게 좋은 직원을 만드는 방법입니다. 사장이 모든 걸 다 할 줄 알아야 하는 이유는 내가 언제든 주방에 뛰어 들어갈 준비가 되어있다는 걸 보여주어야 하기 때문입니다.

점장(직원)이 해야 할 일

이 책을 읽는 점장(직원)분들은 본인이 사장이 아님을 잊으면 안됩니다. 내가 하는 일이란 정해진 게 없습니다. 특히 요즘 코로나로 인해 모든 회사와 매장들이 어려움에 부닥쳐있습니다. 주방장의 완장, 부장의 완장 내려놓고 잡일과 청소를 하길 바랍니다. 힘들 때 어려움을 함께하길 바랍니다. 결국, 본인들도 사장이 된다는 걸 잊으면 안됩니다. 당신은 어떤 직원을 원하겠습니까?

우리의 점장(직원)은 어떠한 존재인가?

이제 매장을 창업한다고요? 현재 직원이 한 명밖에 없다고요? 그 한 명부터 시작하는 겁니다. 사장님들이 보기에 우리의 점장(직원)은 어떠한 존재인가요? 우리 점장(직원)이 없으면 매장에 큰 어려움이 생기나요?

점장(직원)은 나에 매장에서 어떤 존재인가?

이 질문에 사장님 역시 정확한 답변이 안 나오면 깊게 생각해 봐야 합니다. 그렇다면 아직 준비가 안 돼 있다는 증거입니다. 우리는 톱니바퀴라 생각해야 합니다. 하나의 부품이 빠지면 기계가 안 돌아가듯이 각자의 중요한 역할이 정해져 있어야 합니다. 그렇다고 직원 한 명이 빠져서 매장이 안 돌아가면 안 되겠지요. 그 부분의 해결방법은 이렇습니다.

모든 매장, 점장과 매니저 원 투 시스템으로

매장이 규모가 조금 크다면 꼭 점장과 매니저 원, 투 시스템으로 가길 바랍니다. 이 부분은 점장에게 짐을 내려 줄 수도 있고 좀 더 체계적으로 매장을 운영하는 방법이 됩니다. 점장과 매니저를 같이 양성해야 한다는 이야기입니다. 만약 점장이 부재 시 매니저가 이어받을 수 있어야 하고, 만일의 상황도 놓치면 안됩니다. 미리 생각하고 준비한다면 매장의 흔들림이 적을 수 있습니다.

저는 과거 점장과 한 달 반 동안 캐나다와 미국으로 여행을 다녔습니다. 매장에 사장과 점장이 빠진 상태에서 2개월 동안 어떻게 운영이 됐을까요? 저는 점장과 매니저의 시스템을 만들기 위해 아낌없이 투자했고 점장이 없어도 매니저가 운영하는 데 전혀 문제가 없게 만들었습니다. 이는 매장(회사)의 체계적인 시스템을 만드는 데 도움이 될 것이며, 만약 직원이 갑작스러운 사정으로 일을 그만둘 수도 있기에 거기까지 생각을 하고 미리 준비하여야 합니다.

소통 창구는 하나로 만들어라

사장은 중요한 결정에 대해 점장과 이야기 나누고 점장은 매니저와 소통 할 수 있게 만들어 줘야 합니다. 그래야 사장이 없어도 매장을 운영하는 데 전혀 문제가 없습니다. 매니저가 점장을 건너뛰고 사장에게 직접 일을 해결하려 하면 점장을 통해 일을 해결하라고 이야기를 해야 합니다. 이는 회사의 체계를 만드는 과정이며 점장의 자리를 지켜주는 방법입니다.

아무 조건 없이 해주어라

직원들을 챙겨줄 때 중요한 건 절대 생색내지 말고 티를 내지 않고 행동해야 한다는 겁니다. 그리고 직원을 직접 챙겨주기보단 그 직원의 가족을 챙긴다면 기쁨과 감동은 2배가 됩니다. 우리가 사업을 하며 가장 쉽게 할 수 있는 것이 직원들 생일 챙겨주기입니다. 전혀 기대도 안 했는데 사장님이 작은 케이크 하나 무심히 건네주었을 때의 기쁨은 큽니다.

해줄 건 해주고 말할 건 정확히 말해야 한다

직원들에게 "우리 사장님은 한 번 한다면 하는 사람이야!"라는 인식을 심어주어야 합니다. 그만큼 직원들의 급여나 대우도 해줄 수 있는 선에서 잘해주고, 내 가족처럼 잘 챙겨준 다음 언제라도 문제가 생기면 바로 잡을 수 있어야 합니다. 그래서 사장이 모든 걸 다 할 줄 알아야 합니다.

쥐도 도망갈 구멍을 내주고 쫓아라

이건 직원에 관한 이야기인데 예를 들어 바쁜 저녁 시간에 주방은 매우 번잡합니다. 그런데 이모 한 분이 계속 화를 내고 성질을 부리고 매장의 분위기를 흐립니다.

이런 경우 절대 그 자리에서 그 이모에게 지적하면 안됩니다. 말씀드린 것처럼 사람의 심리는 사람들이 많은 상태에서 지적하거나 혼나면 당황하고 어쩔 줄 몰라 하다가 이내 공격적인 성향을 띄고 싸움으로 번집니다. 간단한 지적은 부드럽게 잡아주시고 말이 길어진다면 그 자리에서 결코 그 이모를 고치려 들지 마시고 이기려 들지 마세요. 명심하세요! 이건 싸움이 아니고 경영입니다.

주방의 이모님들은 어린아이처럼 대해라
주방의 이모님들은 감성이 예민할 수 있습니다. 좁은 주방에서 오랜 시간 근무하다 보면 답답하고 힘이 듭니다. 그러기에 사장은 홀에 직원을 대할 때랑 주방의 직원들을 대할 때랑 당연히 달라야 합니다. 때로는 주방 이모님들을 엄마처럼, 이모처럼, 누나처럼 대해줘야 합니다.

하지만 주방 이모님들과 문제가 발생하면 잠시 생각할 시간을 주어야 합니다. 그리고 매장이 조금 한가해 지면 인근 커피숍으로 불러서 분위기를 환기해야 합니다. 문제의 장소에서 잠시 벗어나는 것만으로도 대화의 효과가 더 높아집니다. 그리고 당당히 말해야 합니다. "이모님 아까 그런 행동을 하셨는데 왜 그러셨습니까?" 그러면 본인의 왜 그랬는지 이야기를 할 겁니다. 감정이 기복이 심해서 눈물을 보일 수도 있습니다. 그럴 때는 잠시 기다려 줘야 합니다. 그리고 단호하게 말해야 합니다.

"이모님이 그러면 저희 매장의 직원들이 다 힘들어하고 어려워합니다. 앞으로는 절대 안 그러셨으면 좋겠습니다"

"저는 이모님이 진심으로 잘 됐으면 좋겠습니다"

"제가 개인적으로 이모님을 뵈었다면 어머니뻘이고 이모뻘이기 때문에 제가 잘 모셨지만, 저희 매장에서 만났기 때문에 이곳은 직장입니다. 제가 사장이고 이모님은 직원입니다. 그렇기에 제가 말씀 주시는 걸 따라 주셔야 합니다"

여기서 포인트는 말을 할 때 상대방의 눈을 정확히 보고 말을 또박또박 당당히 해야 합니다. 그리고 대화가 잘 풀리면 저 같은 경우는 마지막에 이모님의 손을 꼭 잡아줍니다. 제 마음을 전달하는 것이지요.

주방 이모님들의 전쟁

얼마 전 저희 매장에서 이모님들끼리 다툼이 있었습니다. 매장에서 가장 오래된 황 이모님과 새로 오신 최 이모님의 싸움이었습니다. 최 이모님이 주방의 주도권을 잡으려고 다툼이 일어난 거였습니다. 결국, 7년이나 함께 해 오신 황 이모님이 새로 오신 최 이모님에 정신적 스트레스로 일을 못 하겠다고 손을 들었습니다. 저는 진상 조사를 하여 최 이모님의 성격 자체가 공격적이고, 다른 사람들에게 본인의 주장을 굽히지 않으려는 스타일이라는 것을 알게 되었습니다. 이런 상황은 당황하지 말고 위에 알려드린 방법처럼 똑같이 해결하면 됩니다. 저는 최 이모님을 커피숍으로 불러 먼저 이야기를 다 듣고 난 다음 이야기했습니다.

"이모님 저는 황 이모님과 오랜 시간을 함께하였습니다. 그리고 제가 주방 실장의 권한을 주었고요. 황 이모님이 저희 매장과 함께

한 지 7년째입니다. 매장에서는 중요하신 분이시고요. 최 이모님도 시간이 지나서 이런 일이 발생하면 전 최 이모님의 편을 들 겁니다. 만약 제가 그런 중심이 없다면 누구도 저랑 함께하려고 안 할 것입니다. "

"제가 처음 면접을 볼 때 황 이모님이 시키는 일을 하라고 이야기해 드렸듯이 그 부분은 앞으로도 변함이 없습니다. 열심히 일 배우고 힘든 일 있으면 말씀 주세요, 문제가 있는지 없는지 판단은 제가 판단하겠습니다." 이렇듯 직원들끼리 갈등이 생겼을 때 정확히 해결해 주는 것이 사장의 역할입니다.

음식은 주방에서 만들고 장사는 홀에서 한다

직원들에게 주방에서는 위생적이고 청결한 음식을 만들 수 있어야 하고 홀에서는 손님에게 최고의 서비스를 제공할 수 있도록 정확히 알려주어야 합니다. 주방의 이모님들을 다루는 것과 홀의 직원들을 다루는 것은 매우 다릅니다. 홀 직원과는 당연히 얼굴을 보는 횟수도 많으며 대화를 나눌 시간도 많기 때문입니다. 그래서 대부분 사장님은 홀의 직원들과 소통이 잘되긴 합니다. 반면 주방의 직원들은 오랜 시간을 좁은 공간에서 일하고 있으므로 그들의 고충을 알아주는 것도 매우 중요합니다.

많은 사장님은 직원들에 대한 고정관념을 가지고 있습니다. "직원들에게 절대 기대하지 마라" "잘해주면 모른다. 소용이 없다" "직원은 급여 준만큼만 일한다" 사장이 이렇게 생각하는데 어떻게 좋은 직원이 올까요? 물론 기존에 상처를 받고 안 좋은 기억이 있을 수도 있지만 그만큼 더욱더 왜 그랬는지를 파악해서 앞으로 좋은 사람 만날 준비를 해야 합니다. 결국, 내가 먼저 준비가 되어있어야 합니다. "좋은 직원을 만날 준비, 좋은 사람을 만날 준비"

저는 직원들에게 기대합니다. 그리고 직원에게 기대하고 있다는 걸 표현합니다. 당신이 있음에 감사하고 고생해 줘서 고맙다는 이야기도 합니다. 아직 벌어지지도 않은 일을 먼저 생각해서 상대를 잠재적 '나쁜 직원'으로 만들지 않습니다. 모든 것은 사장의 생각에 달려 있습니다. 저는 절대 직원들이 잘해주면 모른다고 생각하지 않습니다. 직원들에게 잘해주고 내 주위 사람들에게 잘해주는 걸 행복으로 생각합니다.

이건 장사를 떠나서 제가 인생을 살아가는 방식입니다. 여기서 중요한 건 어떻게 잘해주느냐입니다. 잘해줬는데도 직원이 문제를 일으킨다면 직원을 관리하는 방법을 모르기 때문에 그런 일이 발생한 겁니다. 좋은 직원을 얻으려면 "줄 건 줘야 한다"라는 마인드로 바꿔야 합니다.

저희 점장에게 항상 하는 말이 있습니다. 일을 잘하는 직원은 최고의 시급으로 인정을 해줘라. 반대로 그렇지 않은 직원은 당연히 그렇게 해줄 필요가 없죠. 결국, **매장은 20%의 일 잘하는 직원들이 끌고 갑니다.** 제가 운영하는 송도매장의 경우 정상적이면 홀만 10명 정도가 일합니다. 사실 그중 2~3명만 날아다니고 나머지는 서브 해주는 것입니다. 그리고 일부는 처음 나온 직원들도 할 수 있는 일을 합니다. 20%가 새로운 직원들을 다 가르치고 끌고 가는 거죠. 그런데 이 20%의 역할이 굉장히 중요합니다.

우린 이런 20%의 직원을 만들어 가야 합니다. 일을 잘하는 직원에게는 대우를 잘해주세요. 그럼 저절로 매장은 잘 됩니다. 이건 투자입니다. 돈은 이런 직원들이 벌어줍니다.

3박자를 잘해줘라
첫 박자: 사장이 직원에게 바라지 말고 진심으로 잘해줘야 하고
두 박자: 일 잘하는 친구는 시급, 급여 조건 대우가 좋아야 하고
세 박자: 직원의 비전이 있어야 한다.

사장은 성공자의 모습이어야 한다

직원에게 비전을 주고 '나도 사장님처럼 되고 싶어요!' 라는 말이 나오게 만들어야 합니다. 그러려면 직원들에게 절대 인색하면 안되고 직원들을 살뜰히 챙겨줘야 하며 작은 것 하나라도 챙기는 사장이 되어야 합니다. 예를 들면 생일에 케이크 하나 챙겨주는 것, 소박하지만 맛있는 음식을 먼저 건네주는 것. 진심이 모여서 씨앗이 되어 사장에 대한 믿음과 존경이 만들어지는 것입니다. 직원이 한 명이어도 할 수 있는 일입니다.

매장의 원칙을 정확히 만들어 줘라

출근 시간과 퇴근 시간 등… 기본적인 규칙을 정확히 만들고 잘 지키고 있는지 점검해야 합니다. 작은 부분이 안 지켜지는 직원은 바로 잡아주어야 하며 처음의 적절한 시기를 놓치면 나중에는 바로 잡기가 더욱더 힘들어집니다. 매장의 오픈 시간 역시 마찬가지입니다. 저의 경우는 오후 4시 오픈인데 최소 20분 전에는 손님 맞을 준비를 끝내고 직원들이 대기하고 있어야 합니다. 이 규칙을 작은 것으로 생각해 오픈 시간을 5분, 10분 늦춘다면 손님들에게 불편을 초래하고 안 좋은 이미지를 만들게 됩니다. 힘들게 단골을 만들어 놓고 작은 것으로 손님에게 실망을 주게 되는 것이지요. 단골 하나 만드는 건 너무 어렵지만, 손님이 떠나는 건 너무 쉽다는 걸 잊으면 안됩니다.

매장의 마감 시간 역시 손님이 있든 없든 그 시간을 항상 지켜야 합니다. 구멍가게식의 영업방식으로 **손님이 있으면 오랫동안 문을 열고 없으면 문을 닫고, 개인 사정이 있으면 일찍 문을 닫는 형태의 행동은 전혀 득이 되지 않음을 알아야 합니다.** 너무나 당연한 이야기를 잘 지켜야 매장이 자리를 잡습니다.

직원과의 벽을 허물지 마라

직원들에게 잘해주고 함께 하는 건 좋지만 너무 허물없이 지내는 것은 도움이 안됩니다. 사람은 환경적 동물이기에 사장의 허물없는 행동을 그대로 받아들여서 나중에는 친구처럼 지내게 되고 나중에는 제어가 안 되는 상황까지 초래합니다. 직원을 컨트롤 할 수 없게 되는 건 매장을 망치는 문제가 됩니다. **사장은 결코 가벼운 사람, 너무 편한 사람이 돼서는 안됩니다.** 적정선을 유지하면서 절대 그 선을 넘지 않는 사장이 되어야 합니다.

급여 날짜는 정확히 지켜라

상습적으로 급여를 늦게 주는 사장님들이 있습니다. 이 부분은 사장의 그릇 하고도 연관이 되는 것입니다. 특히 아르바이트생들 급여 줄 때 뒷자리 적은 금액을 떼고 주는 사장님들이 있습니다. 그럴 때는 오히려 반올림해서 올려주는 모습을 보여주어야 합니다.

급여 날짜를 칼 같이 지키며 매장을 운영하는 것이 가장 중요한 일이라는 것을 알아야 합니다. 그러기 위해서는 돈 관리도 중요합니다. 예를 들어 각종 식자재 등… 결재에 대한 부분은 말일 날 결재하고, 급여는 매월 10일 날 맞추어 나누어서 자금 계획을 세운다면 조금 더 원활하게 자금의 막힘이 없어 운영할 수 있음을 참고하시기 바랍니다.

(1) 급여를 뺀 모든 지출은 말일 (2) 급여는 10일 (3) 아르바이트비 지급은 20일 등… 이렇게 나누어 운영하는 것도 좋은 방법입니다. 중간중간 나누어 줌으로써 사이사이 매장의 수익이 들어오면 최대한 원활하게 지출을 해결할 수 있습니다.

잘하는 직원은 인정해 주고 더 많이 챙겨줘라

다시 한번 강조하고 싶은 부분입니다. 직원을 관리하면서 정말 잘하는 친구들은 칭찬도 많이 해주고 그만큼 인정해줘야 합니다. 말뿐인 것이 아니고 급여도 그만큼 더 주어야 합니다. '내가 이 매장에서 인정받고 있구나!'라고 느낄 수 있게 해주어야 합니다.

일을 잘하는 직원은 어떤 기준일까요? **첫째는 친절한 서비스**입니다. 항상 웃으며 고객을 편하게 해주는 직원이 최고의 직원입니다. 이런 직원들은 우리 매장의 꽃입니다. 손님들에게 "아르바이트생들이 너무 친절해요!"라는 들을 때 저는 제일 기분이 좋습니다. 계산할 때 어떤 분은 "아르바이트생들이 너무 착해서 이거 5만 원 아이들한테 좀 나누어 주세요!"라는 분도 계십니다.

둘째는 신속성입니다. 혼자서도 둘, 셋의 몫을 해내는 직원이 있습니다. 많은 직원이 있어도 돌아가지 않는 매장이 있고 직원 수가 적어도 손발이 맞아 척척 잘 돌아가는 매장이 있습니다. 직원 수가 중요한 게 아니라 '친절한 직원의 신속성'이 중요합니다. 우린 그런 직원을 만들어야 합니다.

셋째는 바른 인성입니다. 아주 작은 것을 잘하는 직원들이 있습니다. 매장에 출근하면 기본적으로 사장에게 인사하고 주방에 들어가서 항상 이모님들에게 인사부터 하고 시작하는 친구들. 이런 직원들 덕분에 매장 분위기가 바뀝니다.

첫 번째: 친절한 서비스가 되어있는 직원

두 번째: 신속하게 빠르게 움직이는 직원

세 번째: 바른 인성이 되어있는 직원

위의 3가지를 다 갖추었다면 100점 직원, 2가지만 갖추었다면 70점. 한 가지만 갖추었다면 40점이라 생각합니다. 아무리 잘해도 인성이 안 되어있는 직원들은 결국 매장이 시끄러워집니다. 3가지를 모두 갖춘 직원들에게는 과감히 투자하고 인정을 해주어야 합니다.

손님을 만족시키는 인사법

대부분 사장님은 인사를 대충하거나 직원들에게 기본적인 인사의 교육을 안 합니다. 그러나 인사는 매우 중요합니다. 특히 손님을 만족시키는 인사법이 있습니다.

손님에 대한 인사법

바로 바른 자세에서 손님의 눈을 바라보고 입가에는 미소를 띠며 가볍게 목례를 하는 것입니다. 너무 깊게 목례를 하거나 과하게 정중하게 하면 오히려 손님이 부담스러워할 수가 있습니다. 평소에 연습이 돼야 자연스럽게 잘할 수 있습니다.

예를 들어 비행기를 타거나 호텔을 갔을 때 직원들의 친절한 인사가 기분을 좋게 해주는 경험을 해본 적 있을 겁니다. 그리고 마치 내가 대접을 받고 있다는 착각마저 들게 합니다. 그분들이 하는 인사를 떠올려 보면 이해가 될 겁니다. 자세를 바로 하고 상대방의 눈을 보고 미소를 잃지 않고 목례를 가볍게 하면서도 끝까지 눈을 보며 인사합니다. 매장을 운영하는 우리도 그런 인사법이 기본으로 교육이 돼 있어야 합니다. 사장과 직원 모두에게 매우 필요한 부분입니다. 이것이 '돈을 안들이고도 고객에게 좋은 이미지를 주는 방법'이기 때문입니다.

목례는 어떤 인사일까요? 지식 사전으로 목례를 찾아봤더니 이렇게 나와 있습니다. '목례란 눈으로(目) 하는 인사 예절(禮)로 바로 눈 목 目자에 예도례 禮 자를 쓰고 있습니다' 그리고 풀이로는 이렇게 나와 있습니다. "미소 짓는 얼굴로 고개를 약간 숙이며 가볍게 하는 인사를 말해요", "바로 눈인사라고도 해요" 즉 '목례'란 예의 바르게 눈으로 하는 인사를 의미하는 겁니다.

손님의 입장 시 첫 인사가 매장의 좋은 이미지를 결정짓는다

손님이 들어올 때는 항상 입구에 직원이 대기하고 있어야 합니다. 밖에서 매장을 보았을 때 안에 직원이 있음이 보여야 한다는 이야기입니다. 대부분의 교육이 잘 되어있는 매장은 절대 직원들이 의자에 앉아 있지 않습니다. 밖에서 손님이 보았을 때 가장 눈에 띄는 곳에 직원을 배치합니다. 이게 사장의 센스입니다. 손님이 가장 잘 보이는 곳에 서 있다가 마주치면 반갑게 맞이하고 바로 매장 안으로 들어올 수 있게 만들기 위함입니다. 매우 기본적인 부분으로 직원들에게 꼭 인지시켜줘야 하는 기본 중의 기본입니다.

저는 항상 매장 정문에 서 있습니다. 손님이 들어오는 모습을 보면 잽싸게 자동문을 열어주고 과하지 않게 손님의 눈빛을 보며 미소를 띠고, 가볍게 목례를 합니다. 물론 처음에는 쉽지 않습니다. 눈빛을 보고, 미소를 띠고 가볍게 목례를 한 후 "어서 오세요! 00입니다" "몇 분이신가요?"까지 물어본 후 직접 테이블까지 안내하고 착석까지 도와 드립니다. 여기서 인사 다음으로 중요한 건 손님들에게 자리를 안내해 주는 부분입니다.

처음 오는 손님과 단골손님과의 인사법은 달라야 한다

처음 매장에 온 손님은 정문 입구에서 서 있다가 근처에 오시면 위에 설명한 방법대로 인사하면 되지만 단골손님의 인사법은 확실히 달라야 합니다.

단골손님의 인사법

(1) 상대방의 눈빛을 보고 (2) 아! 안녕하세요! 오셨어요~~^^ (3) 활짝 웃고 (4) 몇 분이 오셨나요? (5) 자리로 안내해 드리겠습니다. 하고 자리까지 직접 모시고 가야 합니다. 여기서 포인트는 바로 아

는 척입니다. 단골손님은 조금 과장하는 게 가장 중요합니다. 그래야 단골이 이 매장의 사장과 직원들이 본인을 알아봐 준다고 느낍니다. 이것 역시 매우 중요한 부분입니다.

　몇 번 오기 시작한 손님을 사장이나 점장이 얼굴을 기억했다가 알아봐 주고 "얼마 전에 오셨죠? 또 와주셔서 감사합니다.~^^"라며 웃으며 반갑게 맞이한다면. 손님은 아주 좋아할 겁니다. 몇 번 안 왔음에도 본인을 알아봐 준다는 부분에 작은 감동하는 겁니다.

손님은 나를 반기는 데 내가 손님이 누구인지 모르는 경우

　장사하다 보면 반대로 손님이 나를 반기며 아는 척하는데, 내가 누구인지 모르는 경우가 있습니다. 매장에 한두 번 왔는데 지난번 왔을 때의 친절이 고마워서 오히려 손님이 사장을 기억하는 일도 있습니다. 손님은 지난번에 사장하고 이런저런 이야기도 많이 했으니 당연히 본인을 알 거라고 생각하는 겁니다. 그러니 사장은 적당한 연기자가 돼서 "아! 안녕하세요~~^^ 어서 오세요~~!!!"라며 아는 척을 해야 합니다. 여기서 절대 해서는 안 되는 행동은 (1) '누구세요?'라는 행동 (2) 모르면서 어정쩡하게 아는 척하기 (3) 아예 피해버리기입니다.

처음 오는 손님과 단골의 서비스는 달라야 한다

　처음 오는 손님에게는 잘 주시하면서 불편한 부분이 없는지 먼저 챙기는 게 중요하다면 단골손님은 이 부분이 기본이며 단골손님만의 특별한 서비스가 나가야 합니다. 그렇다고 좋은 음식, 비싼 음식이 아니고 작은 것 하나만으로 충분합니다.

저 같은 경우는 음료수와 버섯 사리 종류를 단골손님의 서비스로 내가고 있습니다. 비싸고 좋은 게 아니라도 작은 것 하나 성의를 담아서 서비스로 내가면 손님들은 좋아합니다. 그런 작은 부분 하나가 고마운 거죠.

자기 매장만의 인사법, 그 매장을 색을 살린다

저희 송도매장 같은 경우는 손님이 들어오면 저는 (1) 상대방의 눈빛을 보고 (2) 아주 자연스러운 미소를 띠고 (3) 가볍게 목례를 하고 (4) 어서 오세요. 00입니다. (5) 몇 분이신가요? 자리로 안내해 드리겠습니다. 여기까지 하고 그다음은 직원들의 인사 시간입니다.

제가 안쪽 홀에 있는 직원에게 큰 소리로 이야기합니다. "손님 3분 오셨습니다!" 그러면 이 신호를 기점으로 홀의 전 직원이 다 같이 "어서 오세요. 000입니다"라고 손님을 바라보며 매우 밝은 목소리로 톤을 높여 손님을 맞이합니다. 저는 그때의 호흡이 참 좋습니다. 통일된 느낌의 웅장함도 느껴집니다.

인사를 마치면 근처에 있는 직원이 바로 손님을 인계받아 테이블까지 안내해 주고, 메뉴판을 드리고 기본 상차림을 세팅합니다. 이렇듯 손님이 우리 매장에 처음 왔을 때 입구에서부터 따뜻하게 인사를 받는 것은 기본으로 하고 안에 입장했을 때 매장 전체 직원의 통일된 인사를 받으면 손님도 기분이 좋을 수밖에 없습니다. 이렇듯 사장 혼자만 열심히 인사를 하는 것이 아닌 직원도 함께 절도 있게 단체로 인사를 하는 것도 매우 좋은 방법입니다. 매장에 맞게 매장만의 인사법을 만드는 부분을 추천해 드립니다.

그리고 사장님들은 절대 해서는 안 될 직원들의 행동에 대해서 알고 있어야 합니다. **첫 번째는 매장 앞에서 담배 피우는 직원들입니다.** 일부 사장님들의 무관심으로 손님들의 눈살을 찌푸리는 경우가 있습니다. 어떤 매장은 매장 앞 정면 의자에 직원들이 앉아서 담배를 피우곤 합니다. 이러한 행동들은 손님들에게 불편함과 위협감이 들게 합니다. 비위생적인 이미지 또한 심어 줄 수 있습니다. 애초부터 사장은 매장의 원칙으로 매장 앞과 매장이 눈에 보이는 동선에서는 절대 담배를 피우지 못하게 하는 것이 좋습니다. 이 부분은 처음에 교육이 되어야 하고, 사장의 카리스마와도 연결되는 부분입니다.

두 번째는 화장실과 복도, 엘리베이터 등에서 손님을 만났을 시에 모른 척 그냥 지나치는 행동입니다. 실컷 매장에서 고기도 구워

주고 이런저런 이야기를 하며 친절하게 행동했는데 바로 매장 앞이나 복도에서 마주치면 모른 척하는 직원들이 있습니다. 이건 어려운 부분이 아니니 마주치면 가볍게 웃으며 목례를 할 수 있게 교육해야 합니다. 손님에게 좋은 인상을 줘야 하는 부분은 매우 중요한 부분이므로 사장 역시 매장 인근에서도 조심해야 하며 직원들 역시 매장 근처에서는 항상 조심히 행동할 수 있도록 교육해야 합니다.

세 번째는 유니폼을 입고 주변에서 술을 먹는 행동입니다. 사장님들이 놓치기 쉬운 문제로 젊은 직원들이나 특히 어린 아르바이트생들이 우리 매장의 유니폼을 그대로 입고 주위를 다니며 술을 먹는 경우가 있습니다. 또는 주위에서 다툼을 벌이는 일들도 있습니다. 젊은 친구들이다 보니 아무래도 술을 먹으면 거칠어질 수도 있고 말실수를 할 수 있는데 이럴 때 매장의 유니폼을 입고 있다면 절대 안됩니다. 매장은 100% 안 좋은 이미지로 굳어집니다.

항상 직원들이 퇴근할 때는 유니폼을 사복으로 갈아입게 매뉴얼을 만들어야 합니다. 이 부분 역시 처음 면접 후 교육을 할 때 매뉴얼에 꼭 지켜야 하는 항목으로 들어가 있어야 합니다.

네 번째는 매장 내 직원들이 서 있을 때 장난치는 행동입니다. 홀에서 가장 많이 발생하는 문제로 젊은 친구들이나 어린 친구들이 똑

바로 서서 '고객 바라보기'를 실천해야 하는데 고객을 주시하지 않고 서로 잡담을 하거나 장난을 치는 일들이 종종 있습니다. 이 부분은 손님들이 눈살을 찌푸리는 행동이므로 처음부터 잡지 않으면 나중에는 그게 당연시되어 손님들에게 점점 안 좋은 이미지를 심어주게 됩니다.

다섯째는 흔히 일어나는 매장 내 작은 실수들입니다. 일하며 매장에서 작은 실수를 하는 경우가 있습니다. 예를 들어 그릇을 떨어뜨린다든지, 불판을 떨어뜨린다든지, 물품을 떨어뜨린다든지 이럴 때의 소음은 상당히 큽니다. 그런데 교육이 안 되어있는 매장은 '**손님이 깜짝 놀랐음에도**' 아무런 말도 안 하고 그냥 넘어갑니다. 오히려 직원이 어찌할 바를 몰라 안절부절못하는 모습을 보입니다.

가장 큰 문제는 작은 실수에 어떻게 대처해야 하는지 매장 내의 교육 시스템이 없는 것입니다. 그래서 우리 사장들은 손님을 편안하게 대접하는 방법, 사람에 대한 관리, 손님에 대한 CS 교육 등도 배우고, 교육해야 합니다.

잘되는 매장은 매뉴얼이 존재합니다. 그래서 직원이 처음 들어오면 이 매뉴얼의 중요성을 충분히 설명하고 이 매뉴얼대로 움직일 것을 지시 내리고 매뉴얼을 눈으로 읽고 머리로 저장하여 가슴으로 실천하게 만들어야 합니다. 그게 매장을 운영하는 원칙, 바로 시스템이 되는 겁니다.

사장은 직원들이 그 매뉴얼을 잘 따르고 있는지 유심히 관찰하여 잘하는 직원에게는 아낌없이 보상해주고 그렇지 못한 직원은 '자룡이의 대화법'으로 대화를 하고 바로 잡아주어야 합니다. 가능성이 있는 직원은 최대한 노력하여 좋은 직원으로 만들고, 노력했는데도 변하지 않는 직원은 바로 다른 일을 할 것을 권하며 돌려보내는 것이 내 매장이 잘 되는 방법입니다. 끊임없는 매장에 대해 피드백을 하는 것이 사장의 역할입니다.

직원이 매장에서 실수하였을 때는 하던 일을 멈추고 일어나서 놀란 주위에 손님들에게 정중하게 사과를 해야 합니다. 이게 기본입니다. 이때 하는 인사가 목례입니다. 자세를 바르게 하고 손님의 눈을 바라보며 죄송한 마음을 전달하는 겁니다. 그러면 손님들도 이해하고 넘어갑니다. 그럴 수 있는 일이기 때문입니다. 처음에는 작은 실수이지만 그냥 넘어간다면 큰 문제를 일으키는 직원들의 행동들입니다.

만약 음식에서 이물질이 나왔다면 정중하게 사과를 해야 합니다. 저는 항상 직원들에게 그런 경우 가장 중요하게 설명해 주는 것이 '**공감하라**'입니다. "아이고…. 정말 죄송합니다. 이러한 실수는 있으면 안 되는 건데 정말 죄송하니다."라며 바로 실수를 인정하는 게 제일 중요합니다. 그리고 "지금 바로 바꾸어 드리도록 하겠습니다." "앞으로 이런 일 없도록 확실하게 교육하겠습니다."라며 대처해야 합니다. 실제 손님이 음식을 바꾸어 달랄지 말지는 그다음 일입니다.

손님들에게 전달해야 할 마음

죄송한 마음 전달의 순서 첫 번째는 내가 지금 너의 불편한 점을 정확히 이해했어. 정말 미안해 사과할게 입니다. 두 번째는 적극적으로 내가 해결해 준다고 하는 것이고, 세 번째는 앞으로는 절대 이런 일 없도록 한다는 마음을 전달하는 것입니다. "지금 내가 문제를 적극적으로 해결하고 있어!"라는 마음이 전달돼야 합니다. 그런데 대부분 사장님은 이러한 경우가 생기면 본인이 해결하지 않고 직원을 보내서 해결하려고 합니다. 아니면 이유를 설명하며 손님에게 이해를 구하려고 합니다. 하지만 그건 이유가 아니라 변명일 뿐입니다.

이때 먼저 해야 할 일은 바로 정중한 인사입니다. 이때는 목례가 아닌 진실한 마음으로 깍듯이 인사를 하면 웬만한 손님들은 이해해 줍니다. 오히려 괜찮다며 미안해하는 손님들도 있습니다. 그렇게 안 하므로 손님들이 화가 나는 겁니다.

손님들은 음식물에 머리카락이 나와서 화가 나는 게 아니고 사장의 별거 아니라는 태도에서 더욱더 화가 나는 겁니다. 하여 신입 직원이 왔을 때 직원들에게 처음부터 이러한 부분들을 제대로 교육해야 합니다. '그냥 일을 시키는 것이 손님을 떨어뜨리는 것'이라는 것을 우리는 잊지 않아야 합니다. 작은 부분에서 실수했을 때도 바로 사과하고 더 큰 실수를 저질렀을 때도 진심 어린 사과를 통해 대처한다면 오히려 손님들은 감동하여 찐 단골이 될 수 있습니다.

사장을 당황하게 만드는 상황 매장 내에서 손님이 다쳤을 경우

사실 우리가 장사하며 이러한 상황이 발생하면 매우 당황하고 난감해합니다. 그런데 이럴 때가 가장 중요합니다. 사장과 점장의 발빠른 대처로 손님들이 최대한 기분이 안상하게 할 수 있으며 우리 매장과의 인연이 거기서 끝나는 것이 아니고 오히려 더 좋은 관계가 될 수 있습니다. 그런데 안타깝게도 그러한 부분의 교육과 연습이 안 되어있어서 손님들을 잃곤 합니다. 저희 송도매장 삼겹살집에서는 어떤 부분의 문제점들이 발생하는지, 어떻게 문제를 처리해야 하는지 한번 알아보겠습니다.

고객의 옷에 기름을 튀겼어요

이런 경우 절대 잘잘못을 따지거나 원인을 찾으려고 하지 말고 이 글의 핵심인 진실한 사과를 먼저 해야 합니다. 정말 악의적인 손님이 아닌 경우 직원이 실제 일을 하다가 기름에 튀긴 경우는 당연한 부분이고 손님이 음식을 먹다 본인이 기름을 튀겨서 옷에 묻었다고 해도 원만하게 해결하려는 마음을 처음부터 가져야 합니다. "그냥 쉽게 이야기하면 기분 좋게 세탁비 줘서 보낸다." 생각하는 게 더 좋습니다. 그런 손님 사실 따져봐야 1달에 한 명 아니 1년에 몇 명 없기 때문입니다.

그런데 그 부분의 옳고 그름을 계속 따져봐야 손해는 사장에게 옵니다. 내 매장에서 큰소리가 나 봐야 좋을 게 하나도 없습니다. 일단 무조건 사과부터 해야 합니다. 사과하는 게 자존심이 상하는 게 아니고 업무 일부입니다. 고객의 대처 매뉴얼일 뿐입니다. 절대 사과하는 부분에 마음을 두지 마세요.

직원들 역시 같은 마음을 가질 수 있도록 하는 게 중요하다고 생각합니다. 옷에 기름에 튀겼다면 옷 상태를 본 후 세탁 후 영수증 보내주시면 해결해 드리겠다고 하는 게 좋습니다. 사실 이런 경우는 그렇게 많이 발생하지 않습니다.

고객이 매장에서 다쳤을 경우
만약 삼겹살을 굽는 불판이나 삼겹살 기름이 다리에 떨어져서 화상을 입었다면 제일 먼저 해야 할 부분이 손님의 상태를 확인하고 물어보는 것입니다. 얼음으로 즉시 응급조치를 하고 매장에는 항상 화상용 연고가 있어야 합니다. 이렇듯 매장에는 그 업종에 맞는 상비약이 있어야 합니다. 다행히 크게 다친 게 아니라면 꼭 병원에 가보시라고 신신당부를 한 후 치료비를 주는 게 기본입니다. 우리 직원의 실수로 발생한 문제라면 음식값을 안 받는 것도 좋은 방법입니다.

당황하지 말고 화재보험을 잘 활용할 것

그래서 모든 매장은 손님들이 사고가 나거나 직원들이 다쳤을 경우를 대비해 화재보험을 들어야 합니다. 그런데 여기서 중요한 건 치료비의 금액이 얼마냐에 따라 사장이 빠르게 결정해야 한다는 것입니다. 바로 한 가지 알아 두어야 하는 게 자기부담금입니다. 즉 업주가 내는 비용입니다. 만약 손님 치료비가 3만 원~5만 원 돈이라면 오히려 자기부담금보다 적기 때문에(보험사 통상 자기부담금 10만 원) 보험처리를 하는 것보다 사장의 진심 어린 사과와 함께 발 빠른 해결이 가장 우선입니다.

손님이 크게 다쳤을 경우

만약 손님의 부상이 조금 더 크다면 위에 상황처럼 매장 내에서 바로 응급조치를 한 후 병원으로 이송을 하여 조치를 하여야 하고 그 정도가 아닌 경우에는 병원으로 가서 치료 먼저 받게 해야 합니다. 이런 경우는 무조건 화재보험 처리를 해야 합니다. 이럴 때 가장 중요한 건 보험처리를 하겠다고 손님에게 친절하게 설명한 후 보험사에서 직원이 연락하여 방문하게 되는 부분 일이 어떻게 처리되는지 설명한 후 해결해야 합니다. 보험사에서는 고객에게 맞는 서류를 받아서 일 처리를 해줍니다. 어설프게 내가 나서서 해결하려는 것보다 전문가에게 맡기는 것이 훨씬 좋습니다. 우린 진심 어린 사과와 빠른 쾌유를 빌어주는 것이 훨씬 중요합니다.

내 매장에서 음식을 먹고 배탈이 났다고 우기는 경우 또는 악질 손님

우리가 장사하다 보면 이런 일들이 발생합니다. 어쩔 땐 그냥 우기는 악질 손님에게 걸리는 경우가 있습니다. 그런데 문제는 초보 사장님들이 거기에 휘둘려서 상처를 입고 그들이 원하는 금액에 합의를 보는 경우가 있습니다. 하지만 이렇게 하면 절대 안 됩니다. 고객이 황당한 금액을 요구하는 경우 당황해하지 말고 아래와 같이 하면 됩니다.

1. 손님에게 진심으로 사과한 후 괜찮은지 염려한다.
2. 매장의 규칙이 있으니 고객님의 원하는 금액대로 처리할 수 없으며 보험사에서 연락이 갈 것이고 전문가가 고객님과 만나서 상태를 확인한 후 거기에 필요한 진단서 및 각종 서류를 요청할 것이다. 준비해 주시면 해결이 될 거라고 설명

3. 보험사 연결

절대 속앓이할 필요 없습니다. 정말 악질적인 손님을 만났다면 절대 악질적인 범죄가 통하지 않음을 알려줘야 합니다. 그렇기에 꼭 화재보험에 들어야 합니다. 적은 돈 아끼려다가 나중에 큰일이 생기기 마련입니다.

최고의 인사는 고객이 식사를 다 한 후 나갈 때 하는 인사이다

누구나 쉽게 실수하는 것 중의 하나가 식사를 마치고 나가는 고객에 대한 인사입니다. 물건을 판매하는 곳도 마찬가지입니다. 들어올 때는 인사를 정말 잘하는데 나갈 때는 언제 나가는지도 모릅니다. 아니면 인사를 하더라도 손님 뒤통수에다 인사를 하는 경우가 있습니다. 그런데 가장 중요한 게 성의 있는 인사입니다. 사장과 직원의 말투와 몸짓에서 성의가 느껴져야 하는데 아무런 의미 없이 손님 뒷모습에다 하는 인사는 가장 안 좋은 인사입니다.

가장 좋은 인사는 직원들은 업무를 보면서도 손님이 퇴장하면 하던 일을 잠시 멈추고 최대한 손님을 바라보면서 인사해야 합니다. 손님이 직원이 인사를 하고 있다는 걸 알아차릴 수 있게 인사를 해야 합니다. 그게 성의 있는 인사입니다.

저 같은 경우는 손님이 퇴장하면 계산대까지 가서 계산해주고 계

산서를 드리며 "감사합니다. 좋은 밤 되시고 안녕히 가세요!"라고
정중히 인사를 한 후 자동문까지 잡아주며 끝까지 쳐다봅니다. 이
러한 부분은 손님의 기분을 좋게 만드는 방법입니다.

손님의 눈빛에 정답이 있다

계산할 때 한 가지 말씀을 드리고 싶은 건 계산하는 사람도 상당
히 중요하다는 겁니다. 절대 교육이 제대로 안 된 직원이나 아르바
이트들이 계산하면 안됩니다. 계산은 사장이나 책임자급이 할 수 있
도록 교육해야 합니다. 손님이 우리 매장을 나가면서 좋은 이미지를
가지고 나가야 다음에 또 오기 때문입니다.

제가 계산을 할 때 하는 행동이 있습니다. 바로 밝은 목소리로 손
님의 눈을 꼭 보며 " 음식은 맛있게 드셨어요?"라고 텐션을 높여서
꼭 물어봅니다. 만약 불만이 있거나 만족하지 못한 손님은 눈으로
이야기합니다. '나 지금 기분이 나쁘다'라고 티를 냅니다. 사장은 이
러한 부분을 절대 놓치면 안됩니다. 기분 나쁜 손님은 말투에서 차
가운 느낌이 옵니다. 이런 걸 그냥 넘기면 다음에 다시 안 옵니다.
그래서 손님에게 물어봐야 합니다. "혹시 식사가 불편하신 부분이
있으셨는지요?" 이런 부분을 두려워하고 고객의 불만을 모른 척한
다면 그 매장은 절대 잘 될 수가 없습니다.

사장에 물음에 손님이 불편했던 부분을 답변한다면 사장은 다음부터는 그런 일이 없도록 철저히 준비하고 노력하겠다고 다짐을 하며 조금이라도 손님의 마음을 풀어 줘야 합니다. 사장과 책임자는 손님의 눈빛만 봐도 만족도를 판단할 수 있어야 합니다.

고용하면 큰일 나는 요식업계의 하이에나들

A라는 직원과 B라는 직원 두 명을 동시에 면접 본다고 생각해 봅시다. 이미 많은 경험이 있고 자신감이 넘치는 A와 아무것도 모르는 B라는 친구가 있다고 본다면 어느 직원이 더 나은 직원일까요? 어느 직원이 나에게 도움이 되는 직원일까요? 얼핏 봤을 때는 경험이 많고 노련한 A가 일도 잘하고 나에게 도움이 될 것처럼 보이죠? 이건 당연한 부분입니다. 하지만 A라는 직원이 나에게 독약이 될 수 있습니다. 바로 '뱀 눈빛을 가진 요식업계의 하이에나들'이 숨어들어 올 수 있기 때문입니다.

일단 이 친구들의 특징을 알려드리겠습니다. 아주 반듯합니다. 그리고 뛰어난 경력과 이력을 가지고 있습니다. 이런 친구들은 본인의 경력을 내세워 여기저기 면접을 보러 다닙니다. 이들이 찾아다니는 매장은 바로 초보 사장님들과 어수룩한 사장입니다. 카리스마 넘치고 똑똑하고 매장에 체계가 잡혀있고 경험이 많은 사장들의 매장에서는 절대 일을 안 합니다. 이유는 본인이 해먹을 게 없기 때문입니다.

우린 이렇게 뱀의 눈빛을 숨긴 직원들을 구별할 줄 알아야 합니다. 구별하는 법은 바로 처음 면접에서 찾아내는 것입니다. 그만큼 면접은 매우 중요합니다. 설사 면접 시 걸러내지 못했더라도 알아챈 순간 바로 잡으셔야 합니다.

뱀의 눈빛이란 무엇인가? 본인의 뛰어난 과거 능력을 내세우며 본인이 입사하면 이 매장을 성장시킬 수 있다고 달콤하고 좋은 이야기를 들려줍니다. 이런 친구들을 고용하면 초보 사장님들은 큰 상처와 피해를 볼 수 있습니다. 이 친구들의 특징은 과거 본인이 유명한 어느 브랜드에서 근무하였으며, 요리사였으며 어떤 역할을 하였는지, 어떤 결과를 만들어 왔다고 강조합니다. 브랜드에 대한 상세 지식을 꿰고 있는 건 기본이며 유명요식업의 대표들 이야기와 족보를 이야기하며 본인의 우월함을 강조합니다. 초보 사장들은 이런 직원을 만나면 그 친구의 지식과 경험에 놀라워하며 감탄을 합니다.

분에 넘치는 직원은 한 번쯤은 짚고 넘어가야 합니다. 이런 직원들은 사장에게 매장에 대해 조언을 해주고 방향을 제시합니다. 그러면 사장은 정말 찾기 힘든 인재를 찾았다고 기뻐합니다, 엄청난 착각 속에서 고통이 시작되는 겁니다.

본인의 과거 경력을 지나치게 내세우는 직원은 믿고 거르시기 바랍니다. 본인이 오히려 방향을 제시하고 어떻게 하는 게 좋다고 이야기하는 직원들은 믿고 거르시기 바랍니다. 본인의 요리법을 강조하며 레시피 보호를 하는 직원들은 믿고 거르시기 바랍니다. 본인의 인맥과 요식업의 족보를 말하는 친구들은 믿고 거르시기 바랍니다. 물론 정말 능력 있고 성실하고 좋은 직원들도 있습니다. 하지만 그런 친구들은 최소한 저런 식의 '족보 팔이'는 안 합니다.

이러한 친구들을 고용했을 때 생기는 문제가 있습니다. 실제 이런 친구들의 지식은 놀라울 정도로 많습니다. 유명 브랜드의 대표들 이름이나 인큐베이팅 업체를 이야기합니다. 그리고 인큐베이팅 과정을 이야기하며 사장에게 신뢰를 얻은 뒤 그 매장의 많은 개선점 등을 알려줍니다. 특히 이런 친구들은 처음 오픈하는 매장에 집중적으로 면접을 보러 다닙니다. 바로 초보 사장님들의 어려운 부분 가려운 부분을 긁어주는 겁니다. 그럼 어떻게 되겠습니까? 초보 사장은 그 친구를 마치 구세주처럼 보게 되어있습니다. 그리고 매우 구체적으로 어떻게 하면 되는지 방향을 제시합니다. 뱀의 눈빛을 가진 친구는 가장 먼저 인력의 개편을 이야기해줍니다. 본인의 사람으로 채워가는 겁니다. 그리고 매장의 부족한 부분을 바꾸거나 고치게 만듭니다. 그러면서 조금 여유가 있는 사장에게는 매장의 확장을 이야기합니다. 이 친구들의 전형적인 방법입니다. 그리고 하나하나 본인이 주도권을 잡아나갑니다.

결국, 금전적인 부분까지 본인이 조절하게 되며 사장은 무엇이 문제인지 모르고 계속 믿고 따르며 결국 그 친구가 하라는 대로 하게 되는 겁니다. 그러다가 무언가 잘못되었다는 것을 느낄 때는 이미 늦은 상태입니다. 사실 초보 사장만 당하는 게 아닙니다. 20년 이상의 장사를 하신 분들이 당하기도 합니다. 그들은 장사의 달인이지 사람 관리의 달인이 아니기 때문입니다.

실제로 20년 동안 열심히 장사만 한 부부가 있습니다. 이들은 10평짜리 매장에서 일천만 원으로 시작해 연 매출 30억까지 끌어올린 인천에서 신화 같은 존재였습니다. 노력 끝에 여러 개의 매장이 만들어졌으며 그 결과 식품 관련 주식회사까지 설립하여 자리를 잡은 나름 지역에서 유명한 회사까지 만들었습니다. 이분들은 인품도 좋다고 소문이 났으며 평소에 남을 돕는 것은 물론이며 남에게 10원 하나 피해를 안 준 정말 장사만 열심히 하신 분들입니다.

항상 이런 분들이 고난을 겪기도 합니다. 그렇기에 우린 적당한 선수가 되어야 합니다. 제가 말씀드리고 싶은 건 그저 좋은 사장이 되려 하고 바보처럼 직원들에게 잘해주면 안 된다는 것입니다. 처음부터 사장 본인의 원칙이 있어야 합니다. 그 원칙대로 직원과 좋은 관계를 유지해야 하고, 서로의 이익을 위해 일을 한다는 것을 잊으면 안됩니다. 사장은 그들이 주장하는 과거의 경력 속 매장들에서 실제로 일을 했는지 알아봐야 합니다. 하지만 대부분의 초보 사장님들은 그럴 생각도 하지 못합니다.

결국, 사건 마무리는 '뱀의 눈빛의 하이에나' 직원이 부부의 회사 본부장을 맡게 되었고 신뢰를 하나하나 쌓은 후 확장을 제안했습니다. 그 후 회사의 많은 장비 도입과 시스템 도입, 인력충원은 물론 착한 두 부부를 꾀어서 법인 통장에 3억을 입금하게 했습니다. 3억이라는 돈은 여러 가지 명목으로 다 사용을 했고, 많은 직원을 고용해서 본인의 직원으로 만들었으며 나중에는 본인이 사장 행세를 하며 실제 사장은 직원들과 못 만나게 하는 상황까지 이르게 되었습니다.

현재 이 사건은 소송 중에 있으며 형사 건으로 성립이 안 되어 민사소송 중에 있습니다. 남의 이야기라고 생각하지 마시고 나한테도 충분히 생길 수 있는 일이라 생각하시고 참고하시길 바랍니다. 요식업계의 하이에나가 실제로 존재한다는 걸 절대 잊으시면 안됩니다. 하이에나를 피하는 방법은 면접에서 그 사람의 눈빛을 보고 대화를 해보는 것입니다.

일을 잘하는 사람을 찾는 것보단 인성이 좋고 성실하고 열심히 하는 친구들을 찾는 게 먼저입니다. 그래서 앞서 말한 상세이력서가 중요합니다. 뛰어난 스펙을 가진 직원들은 상세이력서를 가지고 하나하나 그 친구의 이야기를 많이 들어보면 됩니다. 이력서를 앞에 놓고 그전에 일했던 곳 하나하나를 상세하게 물어보면서 눈빛을 봐야 합니다. 열심히 일한 사람은 눈빛에 선함이 깃들이 있으며 있는 그대로 말을 하게 되어있습니다. 하지만 하이에나들은 본인의 경력과 실력을 과시합니다. 그리고 어딘가 모르게 거만한 느낌과 자만해 보이는 모습을 찾아낼 수 있습니다. 본인의 노력으로 나의 직원을 만들어 가야지 이러한 과정 없이 경력 있는 좋은 직원만 찾으려 한다면 부작용이 크게 발생합니다.

책은 나에게 금송아지를 주는 것이다

저는 이래서 책이 참 좋다고 생각합니다. 금송아지를 주는 것보다 더 값진 것을 주는 게 바로 책이라 생각합니다. 나를 강하게 만드는 방법은 바로 책을 많이 읽는 것이며 그다음은 내가 직접 글을 쓰는 것입니다. 그러면 눈에 띄게 달라질 수 있습니다.

그래서 저는 늘 '책 속에 길이 있다.'라고 생각합니다. 또한, 내가 직접 글을 쓰는 건 '나의 인생을 그리는 것'과 같다고 생각합니다. 그리고 그 사람은 그렇게 살기 위해 노력하고 바뀌어 갈 겁니다.

아르바이트를 구할 때 피해야 하는 아르바이트생이 있을까요?

꼭 드리고 싶은 말씀인데 첫째는 나이가 어리고 아르바이트를 처음 하는 학생들은 피하시길 바랍니다. 제가 경험해 본 결과 어린 나이에 아르바이트를 처음 하는 학생들이 문제가 생기는 경우가 많습니다. 대부분 이런 경우 나이가 어려서 부모님의 허락을 맡고 일을 하거나 아니면 허락을 안 받고 일하는 경우가 있습니다. 부모님 몰래 아르바이트를 하는 거지요. 허락을 안 받고 하는 경우 나중에 법률적으로 문제가 생기니 이 부분 정말 조심하셔야 합니다.

사실 정상적으로 부모님께 허락을 받고 일하더라도 처음 하는 일이니 힘들게 되고 힘이 드는 부분을 부모에게 이야기하고, 부당한 부분이 있다고 이야기할 때도 있는 거죠. 생각이 있는 부모들은 동요하지 않지만, 대부분 부모님은 아이의 말만 듣고 감정이 앞서는 경우도 생깁니다. 그러다 보니 나중에 문제가 생기면 꼭 부모님들이 찾아와서 따지는 경우가 생기는 거죠. 꼭 알아 두셔야 할 부분은 19세 미만 청소년을 아르바이트로 고용을 할 때는 꼭 친권자확인서, 가족관계증명서 등 부모에게도 연락해 확인을 꼭 해야 합니다.

두 번째로 말씀드리고 싶은 부분은 친구와 함께 아르바이트하겠다는 아르바이트생들은 피하시는 게 좋습니다. 일할 때는 함께 하기에 잘 나오지만, 나중에 조금만 문제가 생기면 같이 안 나오거나 단체행동을 하는 경우가 생깁니다. 안 좋은 예로는 단합하여 업주를 부담스럽게 하거나 힘들게 하는 예도 있습니다. 이런 부분은 창업하기 전에 미리 생각해 두시는 것이 좋습니다.

여유로운 인력의 중요성

코로나로 인한 팬데믹의 상태까지 와 있기에 다들 너무 어렵습니다. 하지만 이럴 때 오히려 '여유로운 인력의 중요성'에 신경 써야 합니다. 사실 현재로서는 너무 어려운 이야기입니다. 하지만 이건 우리들의 생각일 뿐 손님은 절대 그렇게 생각 안 합니다. 사장 혼자 열심히 하는 매장을 손님들은 안타깝게 볼 수도 있지만, 반대로 불편함을 느낄 수도 있습니다. 그래서 이럴 때일수록 손님들이 나의 매장에 방문했을 때 불편함이 없어야 합니다. 오히려 손님들에게 편안한 분위기를 제공한다면 손님들은 우리 매장에 대한 높은 점수를 줄 겁니다. 만약 혼자 일을 하더라도 절대 손님들에게 불편을 주면 안 된다는 이야기입니다.

쉽게 이야기해서 밝은 분위기의 직원들이 친절히 인사를 하고 친절하게 설명까지 하고 거기에 음식까지 맛있다면 손님들의 만족도는 당연히 높아집니다. 이런 매장은 안 봐도 장사가 잘됩니다. 우리 매장과 같은 업종의 매장을 방문해본다면 그 매장의 분위기를 한 번에 알 수 있습니다. 이때 꼭 명심해야 할 문제는 단점이 아닌 장점을 찾아야 한다는 겁니다. 동종 업계 매장의 장점을 찾다 보면 나의 문제점이 너무나도 잘 보입니다. 그러면 장점을 분석하고 살려서 나의 것으로 만들 수 있습니다.

저희 송도매장은 코로나 이전에는 평수에 비해 많은 인원이 있었습니다. 주방에 4명, 홀에 7명 정도가 근무했습니다. 여기에 저까지 포함되면 홀에만 8명씩 움직이는 겁니다. 지금은 코로나로 인해 그렇게 할 수 없지만 그래도 손님이 불편한 상황을 만들지 않기 위해 여유로운 인력을 세팅하려 노력합니다. 사람 덜 쓰고 내가 발로 뛰면 되지 라고 생각하는 순간 서비스의 질이 떨어집니다. 분명 바쁜 시간대에는 놓치는 것이 많기 때문입니다.

한국 손님이 좋아하는 것은 바로 신속함과 친절입니다. 한가하고 조용한 타임에는 손님들에게 더욱 나은 서비스와 여러 가지를 챙겨줄 수 있지만, 피크타임 때는 서비스를 챙겨주지 못합니다. 이럴 때 가장 중요한 부분이 신속함입니다. 주문 안 밀리고 손님들이 부르면 바로 가서 불편함을 해결 해줘야 합니다. 피크타임에 있어 최고의 서비스는 밀리지 않고 바로바로 해결해 주는 것입니다. 그래서 투자의 마인드가 필요한 거고 여유로운 인력의 중요성을 알아야 합니다.

저희 같은 경우 피크타임이 오후 6시부터 9시 정도입니다. 우린 이 3시간을 위해 넉넉한 인력을 준비합니다. 긴 시간을 아르바이트 쓰기에는 부담되지만 3시간 정도 쓰는 건 내가 투자할 만한 부분입니다. 시간당 만 원이라고 계산하면 하루 3만 원입니다. 하루 3만 원이면 그냥 한 테이블만 덜 받는다고 생각하면 됩니다. 이렇게 편안하게 생각하고 손님이 만족할 만한 서비스를 계속 생각해 내야 하는 거죠. 그렇다고 직원만 많이 쓰는 것이 아니라 사장이 생각해서 고객들이 만족할 만한 것을 계속 만들어 내야 합니다. 넉넉한 인력을 배치함으로 여유가 생기고 이러한 여유를 손님들에게 좀 더 편안함을 제공하고 그 편안함이 손님들에게는 좋은 서비스로 느껴질 겁니다. 그다음 최고의 서비스는 바로 사장님의 친절함과 작은 것이라도 하나 챙겨주는 것입니다.

힘들고 어려운 현실이지만 점점 더 인력을 줄여나간다면 분명 손님들은 나의 매장에 대해 안 좋게 생각하고 하나씩 떠나갈 겁니다. 절대 우리는 이런 상황이 오면 안 되겠지요. 이렇게 인력배치 하나로도 최악의 상황이 올 수 있음을 알고 있어야 합니다.

사장보다는 직원을 스타로 만들어라

제가 운영하는 송도매장의 점장 종환 군의 인기는 정말 높습니다. 손님들이 이 젊은 점장을 매우 좋아하며 오히려 많이 챙겨줍니다. 매장에서 일주일에 팁을 가장 많이 받는 사람이 바로 종환 군입니다. 바로 이렇듯 사장은 본인이 스타가 되려 하지 말고 내 직원을 세워주고, 칭찬해주고, 인정해줘야 합니다. 그래야 직원들의 자존

감이 올라가는 겁니다. 조금씩 자신이 생기면 그들은 손님 앞에 서는 것을 두려워하지 않고 오히려 즐겁게 생각하며 손님을 본인의 팬으로 만들어 가게 됩니다. 점장 종환 군은 본인이 배운 데로 매니저 동현 군을 카피하기 시작합니다. 바로 우리가 궁극적으로 하려는 '복제사업'입니다. 동현 군은 이미 송도매장에서 3년간 근무를 하며 기본기를 잡아 왔으며 그 후 군대를 다녀와서 다시 복귀한 인재입니다. 이미 저희와 함께 성공할 준비가 되어 있으며 성품이 매우 바르며, 본인이 성공한다는 부분에 1도 의심을 안 하는 친구입니다. 업무적으로는 이미 주방의 모든 업무를 마스터 했으며 홀 역시 마찬가지입니다. 현재 종환 군이 새로운 매장을 운영하고 있는 중에 송도매장을 전적으로 끌어갈 만큼 뛰어난 친구입니다.

이렇게 송도매장은 젊음이 넘치는 매장 분위기가 좋은 매장으로 만들어 왔습니다. 그런데 여기서 중요한 부분이 있습니다. 매장을 젊은 사람들이 일할 수 있는 분위기와 여건을 만들기 위해 부단히 노력해 왔다는 겁니다. 젊은 점장 종환 군이 끌어가는 매장이기에 또 다른 젊은 친구들이 면접을 보더라고 종환 군을 보고 이곳에서 일하면 재미있으리라 생각하는 겁니다. 그리고 종환 군의 영향을 받아서 그들은 점점 발전해가고 뛰어난 종환 군을 리더로 인정하고 따르는 겁니다. 송도매장은 이렇듯 점장을 중심으로 매장의 스타들이 많이 있습니다.

직원들이 뛰어난 것도 있지만 사장이 그들을 스타로 만들어 가야 합니다. 내 매장이 잘되려면 이렇듯 좋은 직원을 찾으려고 우리는 노력해야 하며 그 직원을 좋은 직원으로 만들어 가야 합니다. 그런데 대부분 사장이 모든 걸 다 하려 하고 사장이 손님들의 스타가 되려 합니다. 나쁘다는 건 아니지만 계속 그렇게 되면 사장이 없을 때는 손님들의 방문이 줄어들게 되며 사장이 항상 매장에 붙어있어야 하는 현상까지 생깁니다. 손님들이 매장을 들여다보고 사장이 없으면 들어오지 않는 거죠. 사장만 정말 잘하게 되면 결국, 사장만 바빠지게 됩니다. 그렇게 되면 직원들은 사장을 그냥 쳐다만 봅니다. 본인의 일이 아니라고 생각하는 거죠. 그럼 직원들은 단순한 심부름만 하는 심부름꾼에 불과합니다. 아르바이트비 받고 서 있는 '꿀 알바'가 되는 거죠. 그래서 '카피맨' 사업이 중요한 겁니다.

꿀 알바 매장이 되지 않으려면 손님이 많을 때도 직원들은 바쁘게 움직이고 손님이 없을 때도 직원들은 청소 및(벽면, 테이블, 유리, 바닥, 손님들이 눈에 보이는 모든 구간) 정리 정돈을 해야 합니다. 하다못해 밖에 나가서 전단지라도 뿌려야 합니다. 철저히 직원들을 활용해야 한다는 뜻입니다. 그냥 일을 시키는 것이 아닌 직원 업무에 대한 매뉴얼이 있다면 더 쉽게 직원 관리를 할 수 있습니다. 직원들은 손님이 없을 때도 바빠야 합니다.

Part V.

손님관리

손님관리

손님의 마음을 사로잡는 법

송도매장 같은 경우는 점장이 운영하지만, 저도 일정이 없는 날은 매장에 나가서 일하려 노력합니다. 매장에서 손님들을 대하며 많은 것을 배우고 점검할 수 있기 때문입니다. 매장에서 일하며 제가 꼭 지키려고 하는 것들이 있습니다.

직원과 같은 옷을 입는다. 일치된 느낌을 주고 늘 직원과 함께한다는 느낌을 들게 합니다. 그리고 '내가 이 매장의 대표직원이다.'라는 정신으로 일합니다. 직원과 같은 옷을 입고, 같은 명찰을 달고, 같은 일을 하지만 손님들에게 다른 느낌을 줍니다.

손님: "사장님 아니세요?"

사장: "네 제가 사장입니다"

손님: "그런데 명찰엔 직원이라고 쓰여 있네요?"

사장: "제가 이곳 대표직원이기 때문입니다"

계산대에만 매달려 있는 매미 사장이 아니라 손님들과 대화하고 소통하는 사장이 되어야 합니다. 사장의 또 다른 역할은 매장에 나가서 전반적인 부분을 날카롭게 관찰하는 것입니다. 주방이 잘 돌아가는지, 특별한 문제는 없는지, 바쁠 때 직원들 간의 역할 분담이 잘 되어있는지, 동선은 안 꼬이는지, 홀 직원들은 손님들에게 친절하게 잘하고 있는지, 손님들이 음식을 드시면서 불편한 건 없는지, 표정이 밝은지 어두운지, 만족하고 있는지 등… 꼼꼼하게 살펴봐야 합니다.

손님과 소통하라! 그리고 나만의 멘트를 만들어라

저는 손님들이 처음 매장에 방문하였을 때 기분 좋게 맞이하는 건 물론이고 저희 매장 설명을 덧붙입니다.

(1) 메뉴에 관해 설명합니다. 매장에서 가장 많이 판매되는 메뉴

와 손님들이 가장 맛있다고 이야기하는 메뉴 등을 간단명료하게 설명해서 메뉴 선택을 쉽게 할 수 있게 합니다.

(2) 매장의 역사에 대해 짧은 설명을 합니다

저희 매장은 이 자리에서 이동 없이 10년째 운영 중이라는 사실과 송도와 시작을 함께 했다는 이야기를 강조합니다. 이런 부분이 손님들에게는 중요한 신뢰로 자리 잡습니다.

(3) 고기와 식자재에 대해 자랑합니다

고기는 국내산 1+암돼지만을 사용하고 있으며 송도 맛집이다 보니 회전이 잘되어 고기가 늘 신선하다는 것을 알리고 국내산 김치를 사용하여 맛이 아주 뛰어나고 설명합니다. 매장의 장점을 이야기하는 것은 남들이 다 하는 거지만 이것을 말로 설명하는 것과 하지 않는 것은 큰 차이가 있습니다.

마무리는 항상 오랜 역사와 함께 많은 단골이 있고, 삼겹살 하나만 최선을 다해 연구하고 팔아 왔다고 말합니다. 고기를 구우면서 위에 3가지만 친절하게 설명을 해줘도 손님들이 좋아합니다. 제가 직원들한테 강조하는 게 바로 첫인상, 첫 느낌입니다. 저의 멘트를 직원들이 다 따라 할 수는 없지만, 최소한 절반이라도 할 수 있게끔 교육하고 있습니다.

테이블에 정성을 다한다

제가 손님들에게 가장 많이 듣는 말이 있습니다. "이렇게 열심히 하는 사장님은 처음 보는 것 같아요" 그럼 저는 답변 합니다. "제 직업인데 당연히 친절해야죠!" 이게 제 진심입니다. 찾아주는 손님들 한분 한분이 정말 감사하죠. 그래서 저는 손님을 직접 상대하려고 노력합니다. 고기를 잘라주고, 뒤집어 주며 불편한 게 없는지, 필요한 게 없는지를 체크합니다. 때론 엉뚱한 유머를 하기도 하고, 테이블에 너무 긴 시간 있지 않게 적당히 치고 빠지곤 합니다. 이렇듯 사장은 본인만의 무기, 입담과 유머러스함도 필요합니다.

하루 2 테이블의 감동

서는 하루에 오는 많은 손님 중에 2 테이블 손님들에게 꼭 감동을 주려고 노력합니다. 생각보다 어렵지 않습니다. 정성과 노력만 있다면 만들 수 있습니다. 하루 2팀(1 테이블에 2명 기준)이면 하루 4명의 팬이 생기는 겁니다. 확률을 50%로 잡고 하루 2명만 내 팬으로 만들어도 한 달이면 2x30=60명이라는 어마어마한 단골이 만들어집니다. 거기에 입소문이 난다면 정말 어마어마한 효과입니다.

근본적인 서비스를 생각해 봐야 합니다. 블로그 마케팅, 인스타,

페이스북도 중요하지만, 기본적인 부분에 충실한 것이 더욱더 중요한 '장사의 비결'입니다. 그래서 제가 직접 직원들과 같은 옷을 입고, 서빙도 같이하고, 고기도 같이 잘라주고 구워주면 제 모습을 보고 직원들이 더 열심히 하게 됩니다. 제가 매장에 있을 때랑 없을 때랑 당연히 직원들의 움직임이 달라집니다.

손님들은 작은 것에 감동한다

대부분 매장이 작은 것에 인심을 잃고 손님들이 떠나갑니다. 사실 어려운 것도 아닌데 성의 부족으로 손님들을 잃게 되는 거지요. 작은 것을 잘 챙기는 게 중요합니다. 저의 예를 들어보겠습니다.

한번은 손님이 고추냉이가 있냐고 물었습니다. 매장에 고추냉이가 없어서 "손님 죄송합니다. 저희 매장에는 고추냉이가 없습니다. 하지만 제가 바로 구해다 드리겠습니다"라고 말씀을 드리고 옆집에서 생고추냉이를 구해다 드렸는데 이걸 본 손님이 엄청나게 감동했습니다. 그래서 저는 그때 이게 바로 서비스라는 것을 느꼈습니다.

저에겐 가장 중요한 또 한 번의 고객 감동 사건이 있었는데 한국인 손님이 외국인분들을 모시고 왔는데(매장의 30%는 외국인 손님들이다. 외국계 기업이 많고 송도에 대기업들이 많이 있기 때문) 미국에서 온 손님이 레몬을 찾았습니다. 당연히 삼겹살집에 레몬은 없었고 손님이 아쉬워하는 모습을 읽고 바로 인근 마트로 뛰어가서 레몬을 사다가 드렸습니다. 손님은 연신 '땡큐'라며 고마워했습니다. 그리고 미국인 손님을 모시고 온 한국인 손님이 덕분에 미국 바이어가 감동을 해서 일이 잘 풀렸다고 연신 고맙다고 했습니다.

그 뒤로 그 회사의 회식은 저희 매장으로만 옵니다. 2천 원을 투자해서 2천만 원의 보답을 받은 겁니다. 2천 원이 아닌 제 마음을 투자한 거죠. 이게 바로 사업이 아니겠습니까?

이렇듯 사장의 발 빠른 대처와 진심 어린 서비스가 매장을 잘되게 하는 것이며 장사를 잘하는 비법입니다. 비법은 힘들고 어려운 것이 아니고 아주 작고 귀찮은 것들을 실천하는 것입니다.

중요한 것은 매장의 직원들, 아르바이트생들에게도 이렇게 일할 수 있게 교육을 해야 합니다. 나만 잘해서 될 것이 아닌 부분이 바로 서비스입니다. 그래서 제가 늘 강조하는 나와 같은 사람을 만들어라. 바로 '카피맨' 사업이 나온 겁니다.

저는 점장 종환 군을 카피합니다. 점장 종환 군은 매니저 동현 군을 카피합니다. 제2의 '카피맨'이 만들어 진겁입니다. 매니저 동현 군은 아르바이트생들을 카피합니다. 그러면 손님들은 일률적인 서비스를 받고 만족해합니다. 이게 제가 만들려는 시스템입니다. 그러면 손님들이 이렇게 말합니다. "이 매장은 일하는 직원들이 엄청 친절하네" 그래서 저는 매장의 배우입니다. 고추냉이를 가지고 연기를 할 때도 있고, 레몬을 가지고 감동을 주기도 합니다. 때론 혼자서 쇼도 하고 북 치고 장구 칩니다. 나만의 노력으로 특별함을 만들어 갑니다.

정도를 지키는 친절함과 서비스

이렇듯 사장의 훌륭한 마인드와 서비스로 인해 매장이 잘 될 수 있지만 반대로 정도를 넘는 서비스로 인해 손님들이 떠나는 상황도 발생합니다. 결국 '정도를 지키는 친절함과 서비스가 함께 이루어지는 것'이기 때문입니다.

문제는 바로 사장 같지 않은 직원들, 사장과 너무 다른 직원들이 문제가 될 수 있습니다. 사실 사장 혼자 너무 잘하는 것도 문제가 됩니다. 이러한 부분을 사장 본인이 느낄 수 있어야 합니다. 결국, 사장이 만들어 가야하는 부분입니다. 그리고 왜 함께 잘해야 하는지 직원들에게 정확히 알려주어야 합니다. 그렇게 알려주었을 때 그 부분을 이해하고 함께 하는 직원하고 일을 함께하는 겁니다.

그런데 사실 이게 잘 안됩니다. 사장이 너무 잘하면 직원들이 가려지는 경우도 많이 발생합니다. 사실 직원들이 그냥 웃고만 있어도 50%는 먹고 들어갑니다. 그냥 대답만 크게 해도 50%는 먹고 들어갑니다. 직원들이 이 50%라도 되어 보일 수 있게 사장이 처음부터 교육하고 실천하게 만들어야 한다는 겁니다. 그게 준비가 되었을 때 사장도 최고의 친절함과 서비스로 함께 해야 합니다.

손님들과 절대 싸우지 마라

우리는 가끔 매장을 운영하다 보면 내 속을 뒤집어 놓는 손님들이 있습니다. 처음에는 손님에게 정말 친절하게 하려다가도 가끔 그런 손님을 만나면 머리가 하얗게 변해버리고 맙니다. 저는 그중 가장 거슬리는 이야기가 이런 말들입니다.

"여기 사장 바뀌었어요?" 정말 몰라서 물어보는 사람들도 있지만, 그냥 아는 척하는 손님들이 더러 있습니다. "사장님! 제가 여기 자주 오는데 오늘 왜 고기에 비계가 이렇게 많아요?" 사람 입맛에 따라 취향에 따라 어느 사람은 비계가 많다고 하고 어느 사람은 비계가 적다고 하는데 이 부분을 다 맞출 수는 없는 노릇입니다. 그래서 우리 매장은 항상 같은 조건의 고기를 사용함으로써 그런 부분을 줄여나가고 있습니다. 이런 손님들의 대부분은 본인을 잘 챙겨달라는 신호로 보면 됩니다.

장사하다 보면 가지각색의 손님들을 만나게 됩니다. 더 심한 분들은 "고기 먹다가 내 옷에 기름에 튀겼어요! 어떻게 하실 거예요?" 별의별 손님들 때문에 뒤로 넘어갈 일들이 한둘이 아닙니다. **여기서 중요 포인트는** 잘 받아주고 잘 챙겨주고 소통하려 노력하면 이런 손님들이 단골이 됩니다.

이렇게까지 장사해야 하는 거냐고요? 당연히 해야 합니다. 바로 이 일로 내 가족이 먹고살기 때문입니다. 이곳에서 돈을 벌며 사랑하는 나의 아이들을 잘 키우고 있다는 것만 해도 이 얼마나 감사한 일이며 충분한 이유가 되지 않을까요? 어느 정도까지는 최선을 다해 받아주고, 그 이상 선을 넘는 손님들은 정중하게 짚고 넘어가면 됩니다. '받아줄 부분과 그렇지 못한 부분의 그 선을 아는 것'도 사장의 역할입니다.

오른뺨을 때리면 왼뺨도 내밀어라는 예수님의 깊은 뜻이 있습니다. 우리가 잘못한 게 아니더라도 손님의 불편과 불만의 말이 나왔다면 그 테이블을 눈여겨본 뒤 따뜻한 말 한마디와 함께 서비스를 준다면 대부분의 손님들은 미안해하고 좋아합니다. 우린 이렇듯 장사 자체가 서비스업이라는 것을 마음에 새기고 시작하셔야 합니다.

저는 무조건 손님들에게 친절하게 합니다. 정말 그 손님이 도가 지나치는 행동을 하지 않는 한 친절함을 절대 잃지 않습니다. 정작 화를 낸 손님은 못 느끼더라도 옆에 같이 앉아 있는 손님이 느끼게 됩니다. 바로 이걸 노리는 겁니다.

자룡이의 장사철학

내가 보기에는 진상이라고 생각하지만, 손님으로서는 당연한 것들이 많이 있습니다. 이건 지극히 견해 차이인 게 많습니다. 결국, 내가 손님을 판단해서 장사하면 안됩니다. 손님이 내 매장을 판단하게 해야 합니다. 저는 장사는 음식과 물건을 파는 게 아니고 나를 파는 거라고 생각합니다. 무례한 손님들과 싸우는 게 아니라 최선을 다해서 챙겨준다면 손님도 미안한 마음이 듭니다. 손님이 짜증을 내도 받아주고 문제를 해결하려는 모습을 보여주며 적극적으로 나선다면 문제는 달라집니다. 손님 역시도 이내 수그러들고 나중에 계산할 땐 본인이 미안하다는 분들도 계십니다. **이런 손님들이 찐 단골이 됩니다. 나중에는 반대로 친절한 손님으로 바뀝니다.** 바로 사장이 그렇게 만들어 놓은 겁니다. 우린 그렇게 만들 수 있습니다.

사장이 참으면 안 되는 상황: 직원들에게 모욕을 주거나 피해를 주는 손님

무조건 무례한 손님에게도 그렇게 하라는 것은 아닙니다. 사장에게 어느 정도 그렇게 하는 사람은 제가 말씀드린 대로 최선을 다하면 됩니다. 그런데 직원들에게 함부로 대하거나 욕을 하거나 그 이상의 행동을 한다면 이는 사장이 반드시 나서야 합니다. 우리는 서비스업이지 그들의 직원이 아닙니다. 서비스란 마음에서 진심으로 우러나서 하는 것이 최고의 서비스입니다. 그런데 가끔 그럴 가치가 없는 손님이 옵니다.

직원에게 함부로 하는 손님이라면 "손님 죄송한데 직원들에게 반말하면 안됩니다. 주의 부탁드립니다"라고 정중히 말해야 합니다. 사장은 본인 스스로가 생각하고 받아 줄 수 있는 선을 정해서 원칙을 만드셔야 합니다. 그전까지는 "나 죽었소!" 하며 최선을 다해 손님들에게 서비스해줘야 하며 정해놓은 선을 손님이 넘으면 그때부터는 손님이 아닌 겁니다. "사장의 서비스는 손님에게만 하는 것이기 때문입니다"

1. 절대 흥분하지 말 것

미리 머릿속으로 시뮬레이션 연습을 해야 합니다. 그러한 상황이 생겼을 때 절대 내가 먼저 흥분하지 않는다고 생각해야 합니다.

2. 반말하거나 욕하지 말 것

절대 손님들에게 먼저 반말하거나 욕하면 안됩니다. 특히 나보다 나이가 많은 어르신 분들에게 반말하거나 욕을 했다면 아무리 손님이 잘못했어도 그다음부터는 사장님의 잘못으로 역전됩니다. 공격받을 일이 너무 많아진 거죠.

3. 질문에는 질문으로 응수해라

답이 없는 손님과의 대화법은 손님이 질문하면 나도 질문으로 응대하는 게 제일 좋습니다. 예를 들어 "야. 너 사장 오라고 해!" 이렇게 했다면 사장은 "사장 오라고 해! 라고 반말을 하면 되겠습니까?" 이렇게 받아치는 겁니다. "뭐 이런 자식이 있어?"라고 말하면 "아무리 그래도 저한테 뭐 이런 자식이 있다고 말씀하시면 되겠습니까?"라고 질문을 한 부분을 또 반문하는 겁니다. 그럼 결국 할 말이 없어집니다. 그리고 말실수할 이유도 없습니다.

그런데 그게 안 통하는 손님이라면 경찰의 도움을 받겠다고 말하면 됩니다. 절대 직접 나서지 말고 경찰의 도움을 받아야 합니다. 사실 가장 중요한 건 절대 여기까지 가면 안됩니다. 같은 공간에 있는 손님들이 다 지켜보고 있으니 최대한 여기까지 안 오게 만들어야 합니다.

내 주위 매장 최소 열 군데와 친해지기

손님하고의 문제를 안 일으키는 것도 중요하지만 그에 못지않게 중요한 건 내 이웃매장과 친하게 지내는 것입니다. 저는 상가번영회에 회장으로 추천을 받을 정도로 이웃들과 잘 지내고 있습니다. 장사란 물건을 파는 것만 중요한 게 아니고 직원을 관리하는 법, 이웃과 잘 지내는 법도 장사에 해당합니다. 그래야 전체적으로 장사를 잘한다고 볼 수 있는 겁니다. 저 같은 경우 캐나다에 몇 달간 들어가 있으면 제 주위의 사장님들이 저희 매장을 많이 신경 써줍니다. 점장 역시 문제가 생기면 주위 사장님들에게 도움을 정말 많이 받습니다.

서비스는 우리가 하는 것이 아닌 고객이 받는 것이다

우리는 현재 손님들에게 서비스를 제공한다기보단 음식과 물품을 제공하고 그에 대한 대가를 받는 부분에서 대부분 끝납니다. 그냥 단순판매인 셈이죠. 친절한 매장도 있지만 그렇지 않은 매장이 더 많은 것도 사실입니다. 그게 익숙해진 거죠. 이건 서비스가 아닌 기본 노동입니다. 하지만 우리는 단순한 판매에서 끝낼 것이 아니라 고객에게 '가치 있는 서비스'를 제공해야 합니다. 고객이 바라는 최고의 서비스는 사실 좋은 음식을 서비스로 받는 것이 아닌 바로 배려입니다. 편안한 식사를 원하는 거죠. 큰 것이 아니라 작은 부분이라도 손님들이 불편하지 않게 해주는 것이 배려입니다.

고객의 예상을 뛰어넘는 서비스

손님들은 무엇이 되었든 매장의 직원이 먼저 해주길 원합니다. 우린 고객의 필요를 먼저 파악하여 해결해 주는 게 가장 중요합니다. 그래서 제가 강조하는 부분이 '고객이 불러서 달려가면 서빙이고 내가 먼저 고객의 필요를 점검하여 달려가서 보충해 주면 그게 서비스'입니다. 하지만 대부분 이걸 못합니다. 고객에게 서비스를 제공할 준비가 안 되어있기 때문입니다. 교육이 제대로 안 되어있기 때문에 그저 단순 서빙만 하는 거죠.

저는 고객의 불편을 최소화하기 위해 저만의 두 가지 시스템을 만들었습니다.

첫째: 고객 특공대

저희 송도매장의 점장, 매니저, 외국인 전담 매니저는 매장에서 손님들의 필요를 파악하는 특공대로 손님이 부르기 전에 먼저 손님의 필요한 부분을 파악하여 먼저 달려가는 특공대입니다. 바로 고객 감동을 책임지는 특공대입니다. 그래서 책임자급으로 구성해 발빠르게 움직이게 합니다.

둘째: 특공대 보조팀

특공대들이 지시를 내리면 바로바로 움직이는 특공대 뒤에 있는 팀들입니다. 주로 이 친구들은 손님이 들어왔을 때 함께 인사해 주고 기본 상차림을 빠르게 준비해서 나가고 중간에 특공대들이 내리는 지시를 빨리 처리하고 손님이 나가면 테이블을 빠르게 정리하는 역할입니다.

서비스는 중 최고는 바로 아이들에 대한 배려

저도 사랑하는 아이들 셋이 있어서 아이들이 오면 오히려 더 친절하게 해주고 서비스에 조금 더 신경을 씁니다. 그러면 당연히 아이의 부모들은 감동하고 좋아합니다. 우리는 손님이 소중하게 생각하는 부분에 신경을 써야 합니다. 옳고 그름을 따지려 하지 말고 장사를 하는 입장에서 고객에게 최선을 다한다는 마음으로 손님을 대한다면 손님도 사장의 마음을 알게 됩니다.

나의 직원을 소머즈로 만들 것

옛날에 방영한 미국 드라마 중에 소머즈라는 영화가 있는데 이 영화의 주인공은 엄청나게 멀리 떨어진 곳에서 나는 소리를 다 들을 수 있는 초능력을 가지고 있습니다. 바로 우리의 직원들도 매장에서는 소머즈가 되어야 합니다.

첫째: 수저 등이 떨어지는 소리를 감각으로 익히고 습관으로 움직일 것

가장 중요한 기본 고객 감동 매뉴얼로 손님이 깜짝 놀라고 감동하는 부분입니다. 직원들이 습관이 되게 자꾸 만들어야 합니다. 매장 테이블에서 일어나는 소리를 귀로 듣고 몸으로 움직이게 교육을 하는 겁니다.

둘째: 손님이 호출한 순서를 잊지 말고 차례대로 갈 것

바쁜 시간대에는 손님이 여기저기서 호출할 수가 있습니다. 이때 호출의 순서를 직원들이 외우는 것 역시 기본 업무 중 하나입니다. 절대 손님에게서 "여기는 부르면 대답만 하고 오지를 않아!"라는 말이 나오면 안됩니다. 하지만 훈련이 안 된 직원들은 그냥 부르는 곳만 달려갑니다. 이러면 기존에 먼저 직원을 불렀던 곳에서 실망하게 되고 내 매장을 떠나게 됩니다.

직원들의 목소리에 텐션이 있을 것

제가 저희 매니저 동현 군에게 목소리는 큰데 끝부분을 내리지 말고 올려서 대답하라고 항상 말합니다. 이게 손님들이 기분 좋아지는 목소리입니다.

직원들은 멍하니 서 있는 게 아니고 매장과 테이블을 주시하고 손님을 주시하는 것 역시 업무라는 것을 알려줘야 합니다. 그게 가장 중요한 업무입니다. 손님의 불편을 없앨 것! 또 다른 중요한 업무는 바로 용수철처럼 뛰어 나갈 수 있게 만드는 겁니다. 손님이 부를 때 용수철처럼 뛰어 나가면 되지만 더욱더 중요한 부분은 직원을 부르는 걸 어려워하는 손님을 대하는 법입니다.

무언가를 말하기 전에 전조 증상이 나온다

손님을 주시하고 있으면 신기하게 그런 모습이 보입니다. 머뭇거린다든지 주위를 두리번거린다든지 자꾸 불판을 보고 있다면 우리는 이런 손님들에게 용수철처럼 달려가는 겁니다. 손님에게 달려가 무엇이 필요한지 묻는다면 이게 바로 고객 감동입니다.

제가 오랜 기간 장사를 하다 보니 손님 중에 내성적인 손님이 많이 있음을 알게 되었습니다. 저희 집사람 같은 경우도 음식점에 가서 무언가를 더 달라고 요청하는 걸 어려워하는 성격입니다. 그래서 그냥 있는 그대로 먹고 나오는 경우가 많이 있습니다. 그곳이 조금이라도 불편하면 더욱더 어려워합니다. 그러니 사장은 그런 손님을 오히려 찾아내서 먼저 응대해야합니다. 그리고 그런 상황이 오면 오히려 기회가 왔다고 생각해야 합니다. 만약 사장이 모른 척 한다면 밑에 있는 직원들 역시 그대로 따라하게 돼 있습니다. 손님들은 그 모습을 다 지켜보고 있고, 그게 매장을 망하게 하는 지름길입니다.

직원들을 어떻게 교육하는지 모를 때 사장이 하는 방법

제가 지금까지 말씀드린 부분을 머리로 정리해서 이것을 시각적인 자료로 만들면 됩니다. 그리고 직원들에게 이론 교육을 확실히 해줘야 합니다. 잘 되는 매장을 보면 확실히 영업 시작 전에 회의 시간 또는 조회 시간이 있습니다. 그만큼 체계가 잡혀있다는 겁니다. 직원들에게 '손님이 불러서 가면 서빙이고 손님이 무엇을 원하는지 전조 증상을 보고 용수철처럼 튀어 간다면 그건 서비스이다'라고 기본 마인드를 심어줘야 합니다.

내 매장이 잘되는 방법은 사장의 심리전으로 결정된다

사장은 매장의 메인 안테나가 됩니다. 본인이 직접 서빙을 하는 사장은 초보 사장입니다. 사장은 직원 뒤에서 해야 할 일들을 조절해 주는 게 좋은 자세입니다. 누구보다 매장의 특성을 잘 알고 손님의 심리를 잘 알기에 매의 눈으로 손님의 테이블을 지켜보다가 손님이 필요한 것을 먼저 파악하고 직원에게 말해주는 겁니다. 3번 테이블 채소가 떨어졌으니 빨리 가져다주라고요.

이렇게 직원들에게 어떤 경우에 빨리 움직여야 하는지를 이론으로 교육도 해야 하지만 사장이 이렇게 뒤에서 안테나를 이용하여 알려준다면 다음부터는 어떠한 순간이 용수철처럼 튀어 나가야 하는 순간인지를 직원 스스로 알게 되는 겁니다. 이렇게만 되면 이 매장은 100점 매장이 될 겁니다. 매장 오픈 전 조회 시간에 이런 부분을 설명해 주고 실전으로 움직이게 하는 게 가장 중요합니다. 생각 없이 움직이면 절대 발전이 없기 때문입니다. 손님보다 한발 앞선 서비스만 잘해도 신규고객이 단골이 되는 건 시간문제입니다.

그리고 손님들은 달라진 매장의 분위기를 가장 먼저 알아챕니다. 매장에 왔을 때 기존과는 다른 분위기, 직원들 역시 손님을 진심으로 반기는 모습이 아닌 건성건성 대하는 태도와 자세, 거기에 바로바로 준비가 안 되는 모습에 실망하는 겁니다. 그리고 손님들은 이렇게 말합니다. "여기 왜 이러지? 안 그랬는데? 사장이 바뀌었나?, 분위기가 너무 썰렁하다." 손님들은 그 분위기를 어색하게 생각해 다시는 우리 매장에 안 오게 되는 겁니다. 그래서 사장은 내 매장 분위기를 냉정하게 점검해야 합니다.

단골에서 충성고객으로 만드는 법

결론부터 말씀드리면 그 손님을 알아봐 주는 겁니다. 아는 척하는 사장인 거죠. 이상하게 들릴 수 있지만, 효과 만점입니다. 사장은 그래서 기억력이 좋아야 합니다. 자주 오는 손님을 알아볼 수 있는 능력이 있어야 합니다. 내 매장에 다시 찾아주었을 때 그걸 알아보고 아는 척하는 사장이 되는 겁니다. 손님을 알아봐 준다면 별거 아닌데도 손님은 즐거워합니다. 그런 모습에 감동하는 손님들도 있습니다. 우리나라 사람들은 정이 많은 민족입니다. 이런 부분을 생각한다면 충성고객을 만드는 방법의 답은 쉽게 나옵니다. 즉 단골에서 충성고객으로 만드는 방법은 바로 고객에 대한 관심법입니다.

Part Ⅵ.

매장 운영법

매장 운영법

저는 운영비 이렇게 아꼈습니다. 원가 절감법

　사장과 직원들의 세심한 관심으로 식자재와 부대비용을 아낄 수 있습니다. 사장은 최소 두 달에 한 번씩은 매장에서 사용하는 모든 것에 대해 비교검색을 해야 합니다. 예를 들어 공산품에 대한 품목별 가격을 일일이 다른 업체와 분석해서 적당하게 들어오고 있는지, 채소에 대한 부분이 적당한 가격으로 들어오고 있는지, 음식물 처리 비용과 하다못해 보안업체에 대한 부분 등을 꼼꼼히 검사하는 것이 중요합니다. 이 부분은 알면서도 쉽게 놓치기 쉬운 부분입니다.

　식자재와 공산품은 더욱더 그렇습니다. 거래처와 장기간 거래를 했기 때문에 사장은 믿음으로 거래를 하지만, 믿음이라는 것은 기본 바탕으로 깔아놓고 늘 점검을 해야 합니다. 금액이 언제 바뀔지 모르고 시세와 다르게 비싸게 받을 수도 있습니다. 그래서 창업하기 전에 매뉴얼을 만들어서 초기에는 한 달에 한 번씩 점검을 해줘야 합니다. 점검을 안 하고 넘어간다면 결국 매장에서 돈이 새나가고 있는 겁니다. 그래서 누군가와 같이하는 게 중요합니다.

저는 아이들이 캐나다에 있다 보니 몇 달씩 매장을 비울 때가 있습니다. 하지만 제가 자리를 비워도 점장이 모든 걸 꼼꼼하게 검사하고 있습니다. 점장도 저를 믿어주고 저 역시 점장을 믿고 서로 의지하며 함께 운영합니다. 체계화된 관리 시스템을 구축하기 위해서는 나와 함께 공유할 수 있는 직원을 두는 것이 진정한 원가절감 방법이라고 생각합니다.

재고 관리

원가절감을 잘하고도 재고 관리에 소홀하다면 소용이 없습니다. 하지만 현실적으로 재고 관리를 잘한다는 것 또한 쉽지 않습니다. 매장 규모가 작을 때는 무엇이 있는지, 무엇이 부족한지 정확히 파악할 수 있지만, 규모가 커지다 보면 식자재를 미리 더 쌓아 놓기 마련입니다. 사실 실질적인 수익은 식자재 관리에서 나온다는 것을 잊으면 안됩니다. 적은 돈이라고 생각할 수 있지만, 뭉치면 꽤 큰돈이고 1년으로 따지면 더 커지기 마련입니다. 그래서 식자재 구매는 사장이 직접 해야 합니다. 아니면 정확한 시스템을 만들어서 문제가 발생하지 않게 해야 합니다. 그리고 매달 마감을 할 때는 꼭 발주 대장과 거래명세서를 맞추어 보시길 바랍니다.

가끔은 거래처에 긴장감을 줘야 한다

우리는 장사를 하며 가끔 거래처에 긴장감을 줄 필요가 있습니다. 하나하나 점검해 보는 것도 중요하지만 그 부분을 현실화하여 거래처에 연락해서 실질적으로 어떤 물품과 항목들이 비싼 것 같다고 어필해 보는 겁니다. 또한, 조사하다 보면 실제 많은 항목 중에 비싼 물품들이 있습니다. 그러한 부분들을 놓치지 말고 정확히 잡아내셔야 합니다. 이야기가 안 되면 업체를 바꾸는 한이 있어도 꼭 짚고 넘어가야 합니다.

공산품 업체를 이용하기보다 직접 발로 뛰는 사장

공산품 업체, 채소 사장님들을 이용하면 편리한 대신 금액은 비쌉니다. 특히 채소 같은 경우는 차이가 크게 납니다. 처음부터 중개상을 통해 거래를 시작하는 분들도 있지만, 매장 규모가 작을 때는 직접 식자재마트와 시장 등을 다니는 것을 추천해 드립니다. 식자재 상마다 품목별로 저렴한 것들이 있어 두세 군데 정도로 나뉘어 품목을 산다면 비용을 절감할 수 있습니다. 내가 직접 발로 뛴다는 것은 나에게 많은 것을 가져다줍니다.

첫째: 금액이 저렴해집니다
둘째: 물건들이 신선합니다
셋째: 돌아가는 시세를 알게 됩니다

위 3가지는 장사를 하며 상당히 중요한 부분입니다. 저는 고기 집을 운영하기 때문에 고기가 제일 중요합니다. 고기 집의 기본은 좋은 고기를 사용하는 것이기에 고기에 대한 고민을 가장 크게 합니다. 그다음이 식자재입니다. 이렇게 본인 매장에서 가장 중요한 부분을 순서에 따라 나누어 관리하면 더욱 효율적으로 관리할 수 있습니다.

보안업체, 통신비에서 배우는 원가 절감법

저는 일전에 캡스(보안업체)가 SK텔레콤으로 인수된 걸 알고서 SK텔레콤 쪽에 한 가지 요청을 하였습니다. 오래 사용한 것도 있으니 사용요금에 대한 인하 요청이었습니다. 결국, 기존 14만 원(근태 기능 포함)에 사용하던 걸 9만 원으로 줄일 수 있었습니다. 그리고 2달 뒤에는 최대 2만 원을 추가로 줄여주기로 했습니다. SK텔레콤 쪽에서는 고객들의 이탈을 막기 위해 웬만한 부분은 조율해주고 있던 겁니다.

우리도 현재 사용하고 있는 보안업체 쪽에 한 번씩은 점검해 볼 필요가 있습니다. 특히 계약 기간이 끝났다면 이용요금 할인을 받을 수 있습니다.

저는 총 7만 원 정도의 금액을 할인받을 수 있었습니다. 1년이면 84만 원입니다. 이 금액으로 저는 블로그 체험단을 1년 계약했습니다. 보안업체 쪽 요금 절약이 블로그 체험단 한 달에 10팀을 만들어내다니 홍보로써 아주 좋은 결과를 만들어 낸 것입니다.

이렇듯 집중하고 따져보면 곳곳에 돈을 아낄 수 있는 것들이 너무나 많이 있습니다. 또 한 가지 있습니다. 바로 인터넷과 TV입니다. 계약 기간이 지나면 이용요금을 낮추어 줘야 하는데 대부분의 업체는 고객이 직접 말하지 않으면 낮추어 주지 않습니다. 계약 기간이 안 끝났어도 이야기를 해보면 할인을 해주는 일도 있습니다. 내가 조금만 꼼꼼하게 따지면 할인받을 수 있는 항목이 많지만 내가 따지지 않으면 할인은 절대 없습니다. 때로는 상품권을 지급해주기도 합니다. 지금 당장 우리 매장에서 새는 금액을 찾아보세요. 모든 임대제품의 약정기관과 금액을 확인해 보시기 바랍니다.

식자재의 공산품 등 계산서에 현혹되지 마라

계산서를 많이 끊어준다는 말만 주장하며 거래를 이어 가는 공산품 업체들도 있습니다. 그래서 스스로 매출을 파악하고 지출을 맞출 수 있는 능력을 키워야 합니다. 식자재에서도 많은 문제가 발생합니다.

한번은 6,500원짜리 옥수수 큰 통을 다른 곳에서는 3,380원에 살 수 있다는 사실에 놀란 적이 있습니다. 식자재 업체에 지적하였더니, 계산서를 더 끊어줘서 금액이 비싸다고 했습니다. 결국은 돈 주고 계산서를 사는 셈이 된 거죠. 저는 이렇게 꼼꼼하게 점검함으로써 적게는 수십만 원에서 많게는 100만 원대까지 지출을 줄이게 되었습니다. 또 한 가지 요식업을 하시는 사장님들이 잘 알지 못하는 부분이 바로 주류분야입니다. 소주 한 병, 맥주 한 병의 가격이 중요한데 대부분의 사장님은 주는 대로 받는 경우가 대부분입니다. 그래서 주위 매장들과 친하게 지내라는 이유가 인근 매장들과 주류 금액을 공유하면 내가 비싸게 받는지 아닌지를 한눈에 알 수 있습니다.

고기집을 운영하며 가장 중요한 문제가 바로 고정 지출입니다. 고정 지출은 눈덩이와 같아서 작은 지출들이 모여서 큰 지출을 만들어 냅니다. 이렇듯 사장은 매장의 고정 지출을 파악하여 하나하나 줄여나가야 일을 게을리 하면 안됩니다.

임대료에 대한 고정 지출

이 부분은 처음에 들어갈 때부터 검토를 잘해야 하는 것 중 하나입니다. 매장을 운영하며 가장 큰 지출 중 하나를 차지하는 것이 임대료입니다. 처음에 계약할 때 건물주에게 진심을 보여주시고 임대료를 조금이라도 낮추어야 합니다. 이 금액이 나중에는 큰 힘이 됩니다. 노력하는 만큼 낮출 수 있다는 사실을 알아야 합니다. 저는 과거에 새로운 브랜드를 만들면서 김포 운양동의 매장을 계약한 바 있습니다. 앞으로 생계형 프랜차이즈를 만드는 것이 저의 목표이기에 1층이 아닌 2층으로 큰 금액이 들어가는 것이 아니 최대한 줄여서 누구나 할 수 있게 예쁘고 깔끔한 매장을 만드는 것이 저의 목표입니다. 많은 곳을 직접 발품을 팔아 다니던 중 운양동에 2층 전용 50평 상가를 아주 저렴하게 얻을 수 있었습니다. 다섯 차례의 만남 끝에 건물주를 설득하여 보증금 2천만 원에 임대료 240만 원이라는 놀라운 결과를 만들었습니다. 더 재밌는 사실은 기존에 커피숍을 했던 상가인데 신규상가가 아님에도 렌탈프리를 5개월까지 얻어낸 겁니다.

바로 제가 하려는 명확한 사업을 진정성 있게 상가주인에게 전달한 겁니다.

이렇듯 어떻게 하냐에 따라서 좋은 결과를 얻어 올 수 있습니다. 저는 제가 만들어 가는 브랜드의 사업계획서를 건물주에게 보여주었고, 건물주는 그렇게 해줘도 괜찮겠다고 판단했답니다.

계약할 때 가장 중요한 게 재계약 때(통상 2년) 무조건 임대료를 올린다는 사실을 잊으시면 안됩니다. 상가 주는 무조건 2년이 되면 임대료를 올리려 합니다. 하지만 저희로서는 매번 재계약 때마다 임대료가 올라가면 여간 부담스러운 것이 아닙니다. 하지만 저는 보증금 조절하였고 임대료 인하에 성공했고 거기에 렌탈프리 5개월에 더 확실하게 5년간 임대료 인상을 하지 않겠다는 내용을 특약으로 넣었습니다. (모든 내용은 계약서에 특약으로 넣으시는 게 제일 중요합니다.)

이렇듯 처음 계약도 우리에게 유리하게 만들어야 하며, 재계약 시 올라갈 수 있는 임대료 역시 같이 잡으셔야 합니다. 이 부분은 처음 공인중개사와 일을 볼 때 매우 중요한 사항이므로 처음부터 공인중개사와 호흡을 맞춰가야 합니다. 그래서 공인중개사 부동산중개료를 아까워하면 안됩니다.

고깃값을 잡아라

저는 현재 한 달에 2번 고기값을 지급하고 있습니다. 우리 식자재 지출 중 가장 큰 비용이 나가는 부분입니다. 그런데 재밌는 부분이 사장이 꼼꼼하게 검사를 한 거랑 그렇지 않았을 때랑 비용의 차이가 있다는 사실입니다. 기본적으로 고기 원육에서 할인받을 수 있는 부분은 물 돼지, 농이 들어 있는 부분, 과다지방 등이 대표적입니다.

물론 매장 매출이 얼마냐에 따라 달라질 수 있습니다. 기존에 쓰던 고기가 최고라 생각하지 말고 계속 저렴하고 좋은 고기를 발품으로 찾아다녀야 합니다. 선별육도 좋지만 일반육 또한 좋은 것이 많이 있습니다. 모든 것은 우리 사장님들이 만들기 나름입니다. 기본적인 점검은 매우 중요합니다. 고정 지출이 많으면 결국 우리가 얻는 이득이 줄어들 수밖에 없습니다. 민감하게 검사하는 습관을 지녀야 합니다.

매장의 위생과 위생단속

요식업을 하면서 가장 민감하게 발생할 수 있는 문제가 위생단속입니다. 저희 송도매장도 실제로 위생단속을 당한 적이 있습니다. 단속원들이 들이닥치는 시간대는 매장이 오픈하기 전 시간대였습니다. 처음 위생단속을 당해보기에 점장은 저에게 바로 연락을 했고, 다행히 점장이 제가 매장에 가는 시간동안 구청 위생과 직원들에게 차를 내주며 이야기를 나누고 있었기에 골든타임을 벌 수 있었습니다. 하지만 문제는 단순 위생 점검이 아닌 누군가의 신고를 받고 출동한 상황이었습니다. 주기적으로 나오는 위생단속은 그나마 괜찮지만, 누군가의 신고로 단속이 나오게 되면 이건 상황이 조금 달라집니다. 당연히 그만큼 피해가 커질 수도 있습니다. 이유는 신고한 사람이 있으면 꼭 처리결과를 통보해 줘야 하기 때문입니다. 그래서 이웃과 잘 지내야 한다는 이야기가 이런 이유입니다. 마음먹기에 따라 아무것도 아닌 것도 신고할 수 있기 때문입니다.

저는 담당 공무원들과 인사를 나눈 후 왜 단속이 나왔는지에 대해서 먼저 물어보았습니다. 이유는 간단했습니다. 신고가 들어왔다는 내용이었습니다. 결국, 누군가가 저에 매장을 신고한 거였습니다. 저는 안내를 하며 하나하나 위생단속에 적극적으로 임했습니다. 하지만 문제는 이렇게 신고를 받고 온 경우는 작은 것도 걸리게 돼 있습니다.

피해갈 수 없는 위생단속 총 10가지 적발되다

송도매장은 평소에도 깔끔하게 관리를 했기에 나름대로 자신 있다고 생각을 했지만 그건 큰 오산이었습니다. 점검하는 방식이 완전 다르기 때문입니다. 사실 단속원들이 마음먹고 적발한다면 문제가 될 게 한두 개가 아닙니다. 도마를 면봉으로 닦아서 현미경으로 세균검출을 한다면 안 걸릴 사람이 얼마나 될까요? 그만큼 민감한 부분이 바로 위생단속입니다.

대부분의 위생단속을 하면 아래의 부분들을 중점적으로 단속합니다. 따라서 먼저 알고 있으면 무조건 도움이 되는 부분입니다.

처음 위생 점검이 나오면 가장 중요한 부분이 바로 저희 종환 군이 한 것처럼 그분들을 정중히 맞이해 테이블로 안내하고, 차를 권하고 어디서 왔는지 먼저 신분 확인을 해야 합니다. 그리고 이유에 관해 물어봅니다. 바로 이 시간이 중요합니다. 인사를 하고 주방에 들어가 차를 한잔내오는 시간에 주방에서 문제가 될 만한 요소들을 빠르게 점검해야 합니다.

사실 대형 프랜차이즈에서는 위생단속이 나오면 제가 말한 대로 명함을 받고 이야기를 나누며 거기에 방명록까지 받습니다. 그러는 동안 빠르게 주방을 점검하는 거죠. 그런데 간혹 사장님들 중에는 성질이 급한 분들이 계십니다. 절대 해서는 안 될 행동은 공무원들과 다투는 행동입니다. 억울한 부분이 있어도 다툼은 우리 매장에 절대 도움이 안 된다는 사실을 알아야 합니다.

　도가 지나치면 내 매장에 악영향으로 돌아온다는 것을 저는 알고 있습니다. 그러므로 이러한 일들을 먼저 예상하고 매뉴얼을 만들어 연습하는 것도 좋은 방법입니다. 특히 직원들 역시 그러한 행동을 하지 못하도록 철저히 교육해야 합니다.

　송도매장 단속이 끝난 후 저는 직원들에게 매장이 총 10가지 문제에 대해 적발이 되었음을 알렸습니다. 다시는 이러한 일이 발생하지 않기로 다짐을 하고 이야기는 잘 끝났습니다. 물론 그 10가지 위반상황에 대한 처벌은 당연하며 벌금은 물론 언제까지 바로잡겠다는 기한도 정했습니다. 그리고 다시는 이런 일이 발생하면 안되기에 직원들에게 문제의 심각성을 알리고 경각심을 주었습니다. 이게 어찌 직원만의 문제이겠습니까? 결국, 사장의 문제입니다. 하지만 반대로 직원들에게 아무런 말도 못 하고 혼자만 끙끙 앓고 넘어가는 것도 절대 안 됩니다.

　저 같은 경우에는 점장과 주방 이모님들에게 문제의 심각성을 함께 보게 했고, 처벌 수위가 높다는 것을 알려 주었습니다. 그래서 다시는 이러한 일이 발생하지 않게 정확히 잡아줘야 합니다. 조금 느슨해진 부분들은 다시 바로 잡아주는 부분이 중요하다고 생각합니다. 점장과 이모님들은 몸 둘 바를 모르며 연신 죄송하단 말을 했습니다. 저는 그분들을 다독거려 주었습니다. 결국, 이 모든 책임은 저에게 있기 때문입니다. 하지만 이건 우리가 다 같이 아주 중요하게 해결해야 할 문제라는 부분을 알려주었습니다. 결국, 사장 혼자서 해결할 수 있는 부분이 아니기 때문입니다. 그리고 앞으로의 대책이 중요하기 때문입니다.

여기서 꼭 아셔야 하는 중요 포인트가 이런 문제가 발생했을 때 직원들에게 불같이 화를 내거나 '내 그럴 줄 알았다'라고 말하는 무능한 사장이 되면 절대 안 됩니다. 그럴 줄 알았으면 이런 일이 발생하지 않게 만들었어야죠. 결국, 이 모든 건 사장의 관리 부족이자 책임입니다. 절대 직원이 화풀이에 대상이 되었다고 그렇게 느끼게 해서는 안됩니다.

[실제 매장 신고 확인서의 내용]

> 위에 식품위생법 언급하고… (생략) 민원신고에 의한 점검 당시 가스점화기 (업소 테이블 설치) 7대 및 후드에 기름때 및 음식물이 끼어 있는 등 비위생적으로 관리하고 있음을 확인합니다.

위에 내용이 적발내용입니다. 바로 테이블 가스점화기 가스레인지 점화기 주변이 움푹 파였는데 그곳이 지저분하다는 이유로 신고를 당했습니다. 그리고 또 하나 바로 늘 고민거리였던 후드 문제입니다. 테이블 가스 점화기 쪽이 지저분하다는 이유로 사진을 찍어 인천 연수구의 위생과에 신고했습니다. 사진을 자세히 보니 기름때로 얼룩이 져 있는 게 누렇게 보였나 봅니다.

> 첫째: 가스 점화구 비위생 ※처벌조치 50만 원 과태료
>
> 둘째: 폐기물 용기 뚜껑 없음 ※처벌조치 시설개수 명령
>
> 셋째: 보건증 미필 ※처벌조치 100만 원 과태료
>
> 넷째: 보관방법 부적정 ※처벌조치 시정명령(달걀/캡사이신 -> 냉장 보관)
>
> 다섯째: 폐기물 용기 위 조리도구 비위생 / 쟁반 위 칼
>
> 여섯째: 후드 청소 불량 ※처벌조치 50만 원 과태료
>
> 일곱째: 조리도구 위생 불량 (거품기/통) ※처벌조치 50만 원 과태료
>
> 여덟 번째: 무표시 제품사용 ※처벌조치 검찰송치
>
> 아홉째: 칼 꽂이 위생 불량 ※처벌조치 50만 원 과태료
>
> 열 번째: 반찬 통 (파채, 깻잎) 불청결 ※처벌조치 50만 원 과태료

총 10건의 적발, 과태료는 400만 원이었습니다. 하나하나 풀어서 알려드리겠습니다.

첫째: 가스 점화구 비위생 ※처벌조치 50만 원 과태료

테이블에 있는 가스레인지의 점화기 부분입니다. 이게 손잡이 사이, 내부 등 손님들이 식사하며 쓰레기나 찌꺼기 등이 끼게 되는데 이런 부분이 적발사항이 되었습니다. 거기에 시간이 지나면 기름때로 인하여 색이 바라 더욱 지저분해 보이기도 합니다. 우리가 좀 더 세심하게 검사해야 하는 부분임에도 쉽게 놓치기 쉬운 부분입니다.

점화구 특성상 찌꺼기가 끼기 쉬우며 가장 문제는 기름때로 인

해 얼룩도 지는 부분입니다. 바로 이 기름때, 얼룩때는 늘 제거해야 합니다. 이 기름때가 있는 곳에 작은 쓰레기나 찌꺼기들이 들어가면 더 지저분해 보일 수밖에 없습니다. 가스점화기 주변 찌꺼기 제거와, 기름때 제거, 녹이 발생했으면 녹 제거를 해야 합니다. 인터넷에 청소 용품이 다양하게 나와 있으니 참고해 사용하면 됩니다.

둘째: 폐기물 용기 뚜껑 없음 ※처벌조치 시설개수 명령 경고조치

이 부분은 주방 내 쓰레기통에 뚜껑이 없어서 발생한 일입니다. 매장 내 모든 쓰레기통에는 뚜껑이 있어야 합니다. 쓰레기통 뿐 아니고 음식물 음식 찌꺼기통 역시 뚜껑이 있어야 합니다. 하지만 바쁜 시간에 주방 내 쓰레기통 뚜껑을 여닫고 하는 게 여간 불편한 게 아닐 수 없습니다. 테이블을 치우고 쟁반을 가지고 와서 버릴 건 바로바로 버려야 하는데 뚜껑을 닫아 놓으면 매우 번거롭기 때문입니다.

셋째: 보건증 미필 ※처벌조치 100만 원 과태료

이 부분은 아르바이트를 많이 쓰는 매장의 문제점입니다. 아르바이트생들이 일하기 전에 보건증을 만들어 와야 하는 건 당연한 일입니다. 하지만 쉽게 실수하기 쉬운 문제입니다. 보건증은 가까운 보건소에 가면 금방 만들어 올 수 있으며 늦으면 일주일이 소요됩니다. 그리고 요즘은 보건증을 직접 찾으러가지 않아도 인터넷에서

출력이 가능합니다. 급하게 일을 시키게 되더라도 보건증 신청을 했다는 신청서라도 비치해야 합니다. 물론 정식적으로 근무할 수 있는 건 보건증이 발급되고 난 후라는 걸 알아야 합니다.

☞ 보건증은 1년에 한 번씩 갱신해 비치해야 합니다. 하지만 직원마다 1년이 다르므로 이 부분을 놓치기가 쉽습니다. 특히 주방 이모님들의 경우 사장이 민감하게 챙기지 않으면 1년 지난 분들이 발생할 수 있음을 꼭 아시길 바랍니다. 역시 장사는 디테일입니다.

넷째: 보관방법 부적정 ※처벌조치 시정명령 (달걀/캡사이신 –〉 냉장 보관)

달걀은 꼭 냉장 보관해야 한다는 내용입니다. 달걀을 많이 쓰다 보니 당연히 영업시간에는 주방에서 바로바로 세팅해서 나갔는데 그게 문제가 되었습니다. 꼭 냉장고에서 달걀을 보관한 후에 빼서 사용하라는 내용입니다. 그때그때 냉장고에서 달걀을 빼서 나가야 한다는 거지요. 거기에 각종 소스류는 뚜껑을 열게 되면 무조건 냉장 보관해야 합니다. 앞에 나와 있으면 안 된다는 거죠.

다섯째: 폐기물 용기 위 조리도구 비위생 ※쟁반 위 칼 50만 원 과태료

어느 주방이든 재활용 플라스틱, 비닐 등을 버리는 통이 있는데 그 통 위에 쟁반이 올려져 있고, 쟁반 위에서 채소를 다듬고 있었는데 칼이 올려져 있는 것이 적발되어 50만 원의 과태료가 부과되었습니다. 정확한 도마의 위치, 그리고 재활용 통 위에 쟁반을 놓고 칼을 사용하였다는 게 적발이유입니다.

　주방의 각종 도구 역시 마찬가지입니다. 무엇이든 마찬가지겠지만 특히 칼은 사용 후 항상 제자리에 놓아야 합니다. 칼은 매우 중요하며 여기저기 돌아다니면 안 되는 문제이기에 꼭 바로잡아야 하는 상황입니다. 이건 평소에 직원들에게 꼭 "사용한 도구는 제자리"라는 기본 교육을 잘하시기 바랍니다.

여섯째: 후드 청소 불량 ※처벌조치 50만 원 과태료

　이 부분은 사실 매장을 개점하게 되면 많은 분의 고민거리이기도 합니다. 특히 고깃집의 경우는 더욱더 그렇습니다. 후드 청소는 정말 꾸준히 해주어야 합니다. 후드 청소를 제때 하지 않으면 나중에 일이 커집니다. 특히 기름을 많이 쓰는 매장은 매일 마감 때마다 후드 청소를 하는 게 중요합니다.

■ 후드 청소 간단 꿀 Tip!　헤라 큰 걸 사다가 후드 벽면의 기름때를 쭉 밀면 기름때가 밀립니다. 그리고 뜨거운 물에 퐁퐁을 섞어서 닦으면 잘 닦입니다. 여기서 주의 사항은 매장 영업 끝날 즈음에 하는 게 더 좋습니다. 왜냐면 주방 내 온도가 올라가면 후드에 기름때가 살짝 녹는데, 이때 제거하면 더 효과적이기 때문입니다.

일곱째: 조리도구 위생 불량 (거품기/통) ※처벌조치 50만 원 과태료

　조리도구 즉 거품기, 국자, 집게 등을 담아 놓는 통이 지저분하다고 적발이 되었습니다. 우리가 해야 할 것이 많습니다. 지켜야 할

것도 많습니다. 우리는 괜찮다고 생각했던 부분들이 적발의 대상이 되는 거지요. 그래서 놓치기 쉬웠던 부분도 앞으로는 위생 점검표를 만들어 세세하게 검사하기로 하였습니다. 결국, 주방 내에 있는 모든 부분은 깨끗해야 합니다.

여덟 번째: 무표시 제품사용 ※검찰송치 처분

매장에서 작은 떡을 사용하는데 떡을 팩에서 오픈해 그날 사용할 것을 통에 담아서 냉장고에 넣어 사용하고 있었습니다. 하지만 통에 떡에 대한 정보가 표시가 안 되어있어서 적발되었습니다. 사실 이 부분은 많은 분이 적발될 상황입니다.

항상 주의해야 할 부분은 봉지를 뜯어서 사용해야 하는 경우 통 뚜껑에 내용물에 관한 내용을 표시해야 한다는 내용입니다. 개봉된 식품을 다른 용기에 옮기는 경우도 마찬가지입니다. 저 같은 경우 떡의 제품정보 부분을 가위로 오려서 붙여 놓는 것으로 교육하고 앞으로 대처하기로 하였습니다.

걸리기 쉬운 원산지 표시사항

이 부분은 매우 기본적이지만 중요한 부분으로 매장에 원산지 표시가 되어있어야 한다는 뜻입니다. 매장 내에 눈에 띄게 크게 걸어두는 방법이 있고, 메뉴판마다 음식에 대한 원산지를 표시하면 됩니다. 그리고 또 한 가지는 우리가 적어놓은 원산지 표시랑 실제 사용하는 식자재의 원산지가 똑같아야 한다는 겁니다. 그리고 실제 냉장고 안에 있는 식품들이 일치해야 한다는 사실입니다. 매장에서 실수하는 부분은 신 메뉴 출시를 해서 아직 원산지를 표시 안 했거나 '미표시 적발' 문제로 빚어지는 경우도 많이 있습니다.

특히 많이 실수하는 부분이 바로 김치입니다. 배추김치는 배추와 고춧가루의 원산지를 각각 표시해야 합니다. 둘 다 국내산이어도 같이 '국내산'이라고 기재를 하여야 합니다. 저희 매장에서는 쌀과 콩이 많이 사용되는데 이 부분은 밥, 죽, 누룽지, 두부류, 콩국수, 콩비지로 조리되는 음식에만 표시하면 됩니다. 두부의 경우 콩은 중국산이고 두부는 사장님이 직접 만들었을 경우에도 원료는 중국산이라고 꼭 표시해야 합니다. 깍두기는 음식점 원산지 표시 품목에 해당하지 않습니다. 볶음김치는 원산지 표시를 꼭 해줘야 합니다.

배달매장 주의점: 배달 앱과 포장재에도 원산지 표시해야 한다는 것을 잊으시면 안됩니다. 스티커를 제작해 붙이거나, 아니면 전단이나 영수증(원산지 표시 나오면, 배달 앱 영수증에 나옵니다)으로 해도 됩니다. 역시 배달 포장만 전문으로 하는 배달매장도 원산지 표시 당연히 해야 합니다.

아홉 번 째: 칼 꽂이 위생 불량 ※처벌조치 50만 원 과태료

매장 오픈 전 주방에서 칼을 많이 사용하다 보니 사용 후 칼집에 칼을 꽂아 놓게 됩니다. 그 칼집과 칼 사이에 먼지와 지저분함이 포착되었습니다.

열 번째: 반찬 통 (파채, 깻잎) 불청결 ※처벌조치 50만 원 과태료

저희 송도매장 중간 주방에 여러 반찬 냉장고 바트가 있는데 주로 김치, 파채, 깻잎, 채소 등이 담겨 있습니다. 이 바트 사이가 지저분하다고 적발되었습니다. 특히 파채 같은 경우는 일하다 보면 주위에 많이 흘리기 쉬우며 각종 소스로 인해 얼룩이 질 수 있습니다. 그래도 이건 우리의 변명일 뿐입니다. 이 부분은 좀 더 강화하여 매장 마감 후 꼭 전체 바트를 들어내서 세척 후 말려놓고 가도록 바로 잡았습니다.

이러한 상황을 겪으면서 느낀 부분은 바로 "내가 혼자 잘하는 것은 의미가 없구나!"였습니다. 작은 것 하나도 소홀히 해서는 안되고 몸에 익숙해지면 절대 어렵지 않다는 사실도 알게 되었습니다. 이러한 부분은 우리 매장의 습관적 점검과 실천이라고 생각합니다. 이번을 계기로 저에게도 매장을 돌아보는 좋은 기회를 얻었으며 역시 점장과 이모님들에게도 경각심을 심어주는 사건이었습니다. 저는 그래서 이번 단속을 감사하게 생각합니다.

● 위생단속을 대처하는 방법 ●

첫째: 손님의 손길과 눈길이 닿는 곳을 점검하라

정말 간단합니다. 미리 점검하는 방법은 바로 손님들의 손길이 닿는 곳, 눈길이 닿는 곳을 하나씩 찾아서 그곳을 깨끗하게 하면 됩니다. 눈으로 볼 수 있는 매장의 청소상태, 테이블의 기름때, 메뉴판의 기름때, 수저의 위생, 의자의 기름, 그릇의 얼룩, 유리컵의 얼룩, 이렇듯 손님이 직접 손이 닿을 수 있는 것들을 조심해야 합니다. 손님들은 이러한 작은 부분에서 눈살을 찌푸린다는 사실입니다. 그리고 손님의 기준은 너무 다양합니다. 그래서 사장은 늘 매장의 청결 기준이 있어야 합니다.

둘째: 손님이 대접을 받았다는 느낌을 주셔야 합니다

신고로 인한 위생단속은 사실 손님이 우리 매장에서 불편을 겪거나 심기가 불편한 경우에 생기는 때도 있습니다. 특히 직원들과의 다툼이 치명타를 가지고 옵니다. 손님이 사진을 찍어서 위생과에 신고를 넣으면 100%로 단속이 나옵니다. 이런 경우 시정조치로 안 끝나는 경우가 대부분입니다. 신고자에게 어떻게 해결을 하였는지 알려주게 되어있기 때문입니다. 그러므로 사실 손님과의 분쟁은 피해야 합니다. 정말 싸워야 할 때는 싸워야겠지만 내가 참고 넘어갈 수 있는 건 무조건 넘어가야 합니다. 나만 그런 게 아니고 직원들도 그렇게 하도록 교육해야 합니다.

셋째: 손님이 불편과 불만을 말할 시 그냥 넘기지 말고 무조건 해결하라

만약 손님이 음식에 불만을 말하거나, 불편을 겪었다면 사장과 점장이 나서서 100% 해결하셔야 합니다. 문제에 진심으로 사과하고 해결하지 않을 시 신고로 이어질 수 있음을 아셔야 합니다.

---

① 식재료의 라벨링, 유통기한, 재료 방치분, 반품 식재료 상태, 공산품 보관상품 체크
② 사용 중인 행주는 따로 치우고, 새 행주로 바로 꺼내 놓기
③ 직원들은 모두 손을 씻고, 손 소독 젤을 발라야 한다. (손 검사 대비)
④ 주변을 정리하고 위생 용액을 뿌린다.
⑤ 오픈된 식자재들과 쓰레기통의 뚜껑을 닫는다.
⑥ 도마와 칼은 모두 싱크대에 넣고 살균 소독제에 넣는다.
⑦ 식기세척기 주변을 정리한다. (상/하단 물기 및 이물질 제거)
⑧ 근무 직원 보건증 체크 및 확보

위생 점검을 미리 피하는 방법: 위생 점검 매뉴얼 만들기

앞으로 해야 할 일은 각 매장에서 위생 점검 매뉴얼을 만드는 일입니다. 기본적으로 늘 준비해야 하는 상황입니다. 관공서에서 위생검사를 나왔을 때 어떻게 해야 하는지 등 평소에 매뉴얼을 준비해 두면 큰 도움이 됩니다. 특히 앞서 말했듯 매장에 구청/위생 과에서 방문하면 각 직원은 시간을 벌어야 합니다. 그리고 점주와 구

청 직원이 대화하는 동안 아래의 것들을 신속히 점검해야 합니다. (보건증, 영업신고증 등은 평소에 항상 비치해야 하는 곳에 있어야 합니다.)

특히 직원들의 유니폼, 앞치마를 위생용 키트로 검사할 수 있으므로, 유니폼 위생에 주의해야 합니다. 직원 손 위생검사 요청 시, 방금 지저분한 것을 만져 손을 씻어야 한다고 이야기하고 손을 3분 이상 씻고 손가락 사이와 손톱 아래, 주름진 부분을 잘 씻은 후 소독하고 검사해야 합니다.

잔반 버리는 음식물 쓰레기통 주변의 위생 상태는 항상 문제가 됩니다. 특히 여름철에는 항상 적발되는 상황이므로 항상 청결히 하여 문제가 없도록 미리 예방해야 합니다. 또한 영업신고증, 보건증, 미성년자 고용 시 친권자확인서, 가족관계증명서 등이 있는 파일은 항상 꺼내기 좋은 곳에 보관하여 바로 꺼내서 보여주어야 합니다. 그런데 대부분 서류를 어디에 두었는지 모르거나 서류가 빠져 있는 경우가 많아 적발됩니다. 특히 주의할 부분은 일하는 직원들의 이름을 적어서 보건증과 해당 서류를 가져오라고 할 수 있으므로, 이 부분 미리 준비해야 합니다. 보건증 체크 철저히 하고 특히 퇴사한 직원들의 날짜가 지난 보건증 등은 오해받지 않도록 합니다.

평소에 해당 구청 위생과 직원과 좋은 관계를 유지하는 것도 좋은 방법입니다. 평소 궁금했던 부분이 조금이라도 있으면 직접 찾아가서 이것저것 상담받으며 좋은 이미지를 심어주는 것도 좋습니다. 자주 연락함으로 각종 정보를 전달받을 수 있는 장점이 있습니다. 결국, 사람이 하는 일이기에 사장이 얼마큼 신경 쓰느냐에 달려 있습니다.

Part VII.

노동법

노동법

일단 예를 들어 현재 제가 프랜차이즈 사업부의 대표로 있는 족발의 본사는 인천 서구 석남동에 있습니다. 본사는 1층과 2층으로 나누어져 있으며 1층은 교육장, 실제 배달 영업장, 연구실 등으로 운영하고 있습니다. 그리고 2층은 본사사무실로 내부관리직, 슈퍼바이저, 총무팀, 디자인팀 등 근무를 하고 있습니다. 1층과 2층이 명확하게 나누어져 있는 거죠.

1층 매장만 15명 이상이 근무하고 있는데, 이 중엔 정직원과 아르바이트생들도 있습니다. 현재 저는 프랜차이즈 사업도 하고 있지만, 실제 제 족발에 대한 영업도 이곳에서 하는 거죠. 역시 부평의 직영점, 구월 직영점까지 따지면 전체적인 인원이 꽤 많이 있습니다. 매출 또한 족발 배달로만 한 달에 3억까지 갈 정도로 오르기도 합니다.

저희 같은 회사에서 가장 중요한 건 바로 매출에 대한 지출처리입니다. 특히 인건비에 대한 지출 증빙은 아무리 많이 이야기해도 부족함이 없으리라 생각됩니다. **나부터가 정확히 알고 직원을 고용해야 하며 이를 대충하거나 적당히 처리하려는 마인드에서 문제가 발생합니다.**

면접으로 좋은 직원 판단하는 방법

저 같은 경우는 평소에 알바몬 사이트에 무료로 계속 공고를 올립니다. 이력서가 쌓이게 계속해놓는 거죠. 다행히 지금까지 직원 구인으로 힘들어 본 적이 없습니다. 그리고 또 한 가지는 '동네알바'라는 앱입니다. 앱에 가입하면 동네 아르바이트생들 리스트가 뜹니다. 반경 1km 거리에 있는 친구들도 뜹니다. 그 친구가 마음에 들면 채팅을 통해 면접을 볼 수 있습니다. 이 앱은 상당히 유용하게 쓰이고 있으므로 사용해 보길 바랍니다.

01. 직원을 잘 구하는 구인공고 방법이 있을까요?

일반적으로는 알바몬, 잡코리아, 벼룩시장 등 우리가 흔히 사용하는 구인
공고를 많이 이용하고 있습니다. 이런 구인사이트는 무료로 공고 등록이
가능합니다. 그리고 급하게 사람을 구해야 할 때는 벼룩시장, 알바몬 등을
유료로 사용합니다.

제가 하는 방법은 비싼 비용을 내고, 공고를 올려놓고 연락이 올 때까지 기
다리는 것이 아니라 인재를 검색하여 직접 연락 후 바로 면접을 보는 방식
입니다. 이렇게 진행을 하면 조금 더 빠르게 사람을 구할 수 있습니다. 알바
몬에서 일반 광고가 아닌 인재검색으로 비용은 5/1 줄이면서도 효과는 높
일 수 있습니다. 이 '인재검색'은 적은 비용으로 30명을 직접 열람 후 면접
요청을 할 수 있기에 보다 빠른 효과를 볼 수 있습니다.

02. 카페를 운영하며 아르바이트생을 채용하려 합니다. 짧은 기간이지만 카페 세 곳
에서 각각 평균 3개월씩 근무한 경험이 있는 지원자와 완전히 다른 업종이지만
한 곳에서만 1년을 근무한 경험이 있는 지원자 중에서 한 사람만 채용해야 한다
면 어떤 분을 선택해야 좋을까요?

1. 같은 업종 매장 세 곳에서 3개월씩 근무한 지원자 A
2. 다른 업종 한 곳에서 1년간 근무한 지원자 B

위 질문은 어떠한 역할이냐에 따라 달라질 것 같습니다. 직원으로 채용을 한
다면 업종이 다르더라도 한 곳에서 1년간 근무한 사람이 나을 수도 있을 것
입니다.

우리가 직원을 구하면서 가장 중요하게 보는 것이 바로 '성실함과 인성'
이기 때문입니다. 하지만 아르바이트를 채용한다면 1번 같은 업종 3곳에
서 3개월씩 근무한 지원자 A가 맞을 듯합니다. 아르바이트는 언제든 바뀔
수 있다는 것을 알아야 하지만 때론 오랜 기간 함께 일하는 아르바이트생

도 많아졌습니다. 그리고 여러 곳에서 많은 일을 한 아르바이트생이 안 좋을 것 같지만 요즘 젊은 사람들은 경험을 쌓기 위해 여러 곳에 근무하는 때도 있습니다.

면접 시 중요하게 강조하는 부분들

첫째는 멀티로 일을 해야 한다는 것입니다. 처음에는 주방에서 먼저 근무를 시킵니다. 그리고 주방과 홀을 함께 일하게 만듭니다. 물론 사전에 정확히 이야기하고 일을 시킵니다. 여기서 기존의 일을 많이 했던 친구들은 충분히 본인이 할 수 있다는 걸 이야기합니다. 하지만 편하게 일하려는 친구들은 이 매장에서 일하면 힘들다는 것을 알고 이내 포기합니다.

둘째는 그만두기 한 달 전에 꼭 이야기하고 그만둬야 한다는 것입니다. 저 같은 경우는 다음 아르바이트가 구해질 때까지 근무해 달라고 미리 이야기합니다.

첫 번째는 너무도 당연한 이야기이지만 근로계약서 작성입니다. 근로계약서 미작성 시 최대 500만 원의 벌금을 물린다는 사실을 알고 계셔야 합니다. 벌금이란 말 그대로 상당히 무거운 처벌로 전과로 남는 부분입니다. 절대 말로써 이야기하면 안됩니다. 2012년 1월 1일부터 반드시 근로계약서를 작성하도록 법제화되어 있습니다. 꼭 근로계약서를 작성하여 한 부는 꼭 직원과 아르바이트생에게 주어야 합니다. 저 같은 경우는 한 부를 주었다는 확인서를 따로 받아둡니다. 사진도 한 장 찍어놓고요.

허점을 노리는 아이들

그런데 요즘 고의적인 아르바이트 신고가 이슈화되고 있습니다. 일부 못된 아르바이트생들이 면접을 보러 가서 어수룩한 사장님이 근로계약서를 바로 안 쓰거나 제대로 안 쓴 부분에 대해서 신고를 하거나 신고를 하겠다고 협박하는 경우입니다. 그러니 근로계약서는 본인이 공부하여 꼭 써야 함을 잊지 마시기 바랍니다.

근로계약서 내용

실제 서류상의 내용과 근무내용이 같아야 합니다. 계약서에는 근무시간을 6시간 써 놓고 10시간을 근무시키면 안 된다는 겁니다.

법적으로 가장 많이 적발되는 사례는 아래와 같습니다

취업 장소와 업무 내용 정확히 쓰기

이 두 가지는 명확히 해줘야 합니다. 취업 장소는 매장 주소를 적으면 됩니다. 업무 내용은 그 직원의 업무 내용을 명확히 넣어줘야 합니다.

■ 면접 시 필요서류 철저히 받기 ■

(1) 근로계약서(법적 필요)

(2) 보건증(법적 필요) 근무 시 지참하고 와야 함

(3) 신분증

(4) 이력서 권장

(5) 친권자 동의서 – 법적 (미성년자일 경우)

(6) 가족관계증명서 – 법적 (미성년자 경우)

(7) 부모 확인하기 권장 (통화)

(8) 개인정보 수집동의서 – 법적

(9) 통장 사본

(10) 등본

최저임금과 주휴수당

급여가 높은 직원들은 사실 최저임금에 신경을 안 써도 됩니다. 하지만 그 외에 아르바이트생들은 최저임금을 무조건 지켜야 합니다. 최저임금은 근무시간과는 무관하게 꼭 시간당 지급해야 하는 금액입니다.

2021년 현재 기준 8,720을 무조건 줘야 합니다. 하지만 중요한 건 주휴수당을 줘야 한다는 부분입니다. 역시 이 부분에서도 문제가 많이 발생합니다. 근로계약서에 이 부분을 명확히 기재해야 하는데 기재를 하지 않음으로 이 부분에서도 많이 적발된다고 합니다. 우선 시간당 8,720원을 줘야 한다는 것과 일주일 15시간 이상 고용주와 약속한 근무 일수를 채울 시 주휴수당을 줘야 한다는 것. 이 두 가지만 알고 있으면 됩니다. 직원의 경우 급여에 대한 계산법까지 명확히 넣어주셔야 합니다. 예를 들어 교통비, 식비 등

주휴수당 간단 계산법

정말 쉽게 하는 계산법을 알려드리도록 하겠습니다. 아르바이트생이 하루 5시간씩 5일을 근무하였다면 1주일에 25시간 근무입니다. *주휴수당은 여기에 120%를 더 주면 되는 겁니다. 우리는 이걸 흔히 하루치를 더 준다고 이야기합니다. 그럼 25시간x1.2=30시간이 됩니다.

주휴수당을 포함한 일주일 치 시간은 30시간이라는 결론이 나왔습니다. 그럼 30시간은 일주일 치이고 여기에 한 달을 더하면 되는데 우리가 흔히 하는 실수가 **한 달은 4주가 아닌 4.3452를 곱해야 한다는 것입니다.** 이유는 4주인 경우도 있고 5주인 경우도 있기 때문입니다. 즉 30시간x4.3452=130시간으로 주휴수당이 포

함된 한 달 근무시간이 나왔습니다. 이제 여기에 시급 8,750원만 곱해주면 됩니다. 130x8,720=1,136,000이라는 한 달 급여가 나옵니다. 이것 역시 근로계약서에 명시하지 않으면 걸린다는 부분입니다. 한 번 더 우리가 기본으로 고용하는 시간 8시간을 예로 계산해 보겠습니다. 1일 8시간 근무 x 5일 = 40시간. 여기에 주휴수당 포함 120%를 곱하면 40 x 1.2 = 48시간이라는 일주일 근무시간이 나옵니다. 꼭 한번 계산기로 따라 해보세요. 머리로 배운 건 절대 잃어버리지 않습니다. (주휴수당은 일주일 근무에 20%를 더 준다고 생각하면 된다) 그럼 이제 48시간 x 4.3452 = 208.56의 한 달 근무시간이 나옵니다. 그러면 여기에 최저시급을 곱하면 209시간 x 8,720 = 1,822,000원 이 금액이 법적으로 정해놓은 최저시급과 주휴수당입니다.

하여 저는 복잡하게 적을 필요가 없고 간단히 시급 10,460원 (8,720 x 1.2 = 10,460원 주휴수당 포함) 이렇게 적습니다. 문제는 바로 저 주휴수당을 줘야 한다는 부분입니다.

반대로 생각해 보면 일주일에 15시간 밑으로 근무를 하게 되면 안 줘도 된다는 겁니다. 그래서 실제 아르바이트를 많이 고용하는 매장 중 이렇게 쪼개기를 하는 업장도 있습니다. 자신이 있다면 지출을 줄일 수 있는 좋은 방법일 수도 있습니다. **정확한 근로계약서 작성하는 법을 알고 싶은 분들은 고용노동부 홈페이지 들어가면** (www.moel.

go.kr) 들어가면 더욱 정확히 나와 있습니다. 최근 표준근로계약서 6종이 있으니 본인의 맞는 계약서를 활용하면 됩니다. 직원의 경우는 한 달 급여를 주기로 한 금액에서 반대로 역산하여 계산해 보면 됩니다. 반대로 계산하였을 때 최저시급과 주휴수당 등이 포함되어있으면 됩니다. 하지만 5인 미만 사업장과 5인 이상 사업장에 대해 추가로 지급(연장수당, 휴일수당 등)해야 하는 부분이 조금 다르므로 참고하길 바랍니다.

노동법 총정리 2편

4대 보험

직원은 100% 4대 보험에 가입해야 하며 이제는 꾸준히 근무하는 아르바이트생들도 4대 보험에 다 가입해야 합니다. 국민연금, 고용보험은 주 15시간 이상일 때 가입하는 부분입니다. 그런데 산재와 고용은 15시간이 안 되더라도 무조건 가입해야 합니다. 단기 근로자도 마찬가지라는 겁니다. 1주일에 15시간 이하로 근무를 시킨다면 저는 **3.3% 사업소득세 신고를 추천합니다.** 법적으로 15시간미만은 국민연금, 고용보험은 안 들어도 되니 3.3% 신고를 하면 지출 증빙으로 인정이 되는 거죠. 그리고 15시간 미만으로 근무를 하면 **주휴수당도 안 줘도 됩니다.** 물론 각자의 운영법입니다.

가장 조심해야 하는 부분 정직원

특히 정직원의 경우는 더욱 조심해야 합니다. 정직원이 그만두면서 노동청에 4대 보험 미가입을 신고한다면 지금까지 신고를 안 했던 4대 보험금액 전체를 사업주가 내게 됩니다. 그리고 일자리 안정지원금 등의 지원금도 4대 보험에 들어야 지원을 받습니다. 직원들도 4대 보험 들어야 실업급여, 퇴직금 등의 혜택을 받을 수 있습니다.

휴게시간과 대기시간

우리가 흔히 넘기는 문제 중 바로 휴게시간입니다. 직원들의 휴식 시간이죠. 휴게시간은 법적으로 꼭 주게 되어있습니다. 이 시간만큼은 절대 일을 안 하고 쉴 수 있게 해주는 거죠. 기본적으로 4시간에 30분의 휴식 시간을 주게 되어있습니다. 하루 8시간의 근무면 1시간의 휴식 시간을 주게 되어있는 거죠 그렇다면 하루 8시간 근무를 했다면 1시간은 휴식 시간으로 차감이 된다는 겁니다. 이 시간은 인건비를 안 줘도 됩니다. 그리고 사실 법적으로 점심시간이 정해져 있는 게 아닙니다. 그 시간을 휴식 시간으로 활용할 수도 있다는 거죠. 하지만 요즘 인건비에 상승으로 2시간씩 휴식 시간을 주는 예도 있습니다. 이 부분을 적절히 활용하시면 좋을 듯합니다.

어떠한 매장에서는 오전 10시 출근 오후 10시 퇴근으로 하고 오후 3시부터 5시까지는 브레이크 타임으로 잡고 휴식 시간으로 활용하는 곳도 있다는 걸 참고하면 될 거 같습니다.

가장 많이 실수하는 아르바이트생들의 퇴직금

아르바이트생도 똑같이 퇴직금 대상이 됩니다. 퇴직금을 받는 기준은 4주를 평균해서 일주일에 15시간 이상 근무를 해야 하고 근로 1년 이상이 돼야 합니다. 다만 6개월 일하고 한 달 쉬었다가 다시 6개월 일했다면 이는 퇴직금 대상에 포함되지 않습니다. 연속으로 1년을 근무해야 하기 때문입니다. 퇴직금은 4대 보험을 가입 안 한 것과 전혀 상관이 없습니다. 4대 보험은 사업주가 들어야 하는 겁니다. 직원이 판단할 일이 아니라는 겁니다. 그래서 4대 보험에 들어야 인건비에 대한 지출 증빙이 가능하니 세금을 덜 내게 되는 겁니다.

퇴직금 계산 방법

퇴직금은 1년 중 한 달 치 급여가 아니라 퇴사 직전 3개월 치 평균임금을 계산하여 지급하게 됩니다. 기본급에 대해서만 퇴직금을 계산하시면 안됩니다. 기본급보다 당연히 평균임금이 더 크다는 걸 알아야 합니다.

만약에 직원이 자기 멋대로 행동하며 지각과 결근을 번복한다면, 대화를 시도해보고, 안된다면 법적으로 해결할 수밖에 없습니다. 아무 말도 없이 안 나오는 직원을 내버려 두면 **나중에 부당해고로 몰릴 수 있습니다.** 이를 악용하는 직원이 있기 때문입니다. 부당해고라는 게 인정이 되면 그 직원은 복직이 되고 그동안의 일을 안 한 것까지 급여를 지급해야 하는 황당한 상황이 발생합니다.

장사는 디테일이다

직원이 결근했을 때는 바로 전화를 하거나 연락을 취해야 합니다. **답변이 없어도 몇 차례 연락했다는 기록을 남겨야 합니다.** 사장으로서는 갑자기 직원이 안 나와서 매장에 피해가 있었으며, 나는 **해고할 생각이 전혀 없었음을 증빙으로 남기는 겁니다.** 이 부분이 가장 중요한 증거가 됩니다. 직원이 계속 결근을 하면 어쩔 수 없이 스스로 퇴사한 거로 알고 새로운 직원을 구하겠다고 통보를 하면 됩니다.

직원을 정상적으로 해고하는 방법

중요한 것은 직원을 그냥 해고하면 절대 안 됩니다. 이를 어길 시

2년 이하의 징역 또는 1천만 원 이하의 벌금을 물리게 되어있습니다. 벌금형에 처하게 되면 전과로 남기 때문에 상당히 중요한 부분입니다. 이는 부당해고로 이어져서 사업주에게 큰 피해를 가져옵니다. 금전적인 피해는 물론 정신적인 피해로 힘든 상황까지 가게 됩니다. 쉽게 해고하는 방법은 바로 해고예고입니다.

문제가 많은 직원이라면 30일 전에 해고예고를 하면 됩니다. 다른 곳을 찾아보라는 시간을 주는 겁니다. 해고예고는 30일 전에만 미리 이야기해주면 되고 방법은 구두나 문자를 사용하면 됩니다. 하지만 더는 못 참겠다면 '해고 통보'를 활용하면 됩니다. 해고 통보는 바로 해고를 하는 겁니다. 이 친구와 함께할 수 없다고 판단되면 그때 바로 해고하는 방법입니다. 해고 통보는 반드시 서면으로 해야 하고 정확한 해고 사유를 서면으로 적어서 상대방에서 전달해야 합니다.

해고예고수당

해고예고수당은 한 달 치 급여를 주는 것입니다. 해고 사유가 되지 않는데 꼬투리를 잡아서 해고한다면 나중에 문제가 되기 때문에 악용하면 안됩니다. 서면으로 해고 통보를 하고 한 달 치 예고 수당을 주면 법적으로 전혀 문제가 없습니다. 바로 해고할 수 있는 제외 기준도 있습니다.

2019년 1월에 변경된 법안이 해고예고의 적용제외가 있습니다. '2019년 1월 15일 이후 입사자는 3개월 이내에 근로자에 대해서는 해고예고에서 제외된다' 쉽게 이야기해서 3개월 이내 근무자에 대해서는 해고예고와 해고 통보 없이 해고할 수 있다는 뜻입니다. 무조건 3개월 이내 근로자를 해고해도 되느냐 그것도 합당한 사유가 있어야 합니다. 팁으로 알려드릴 부분은 근로계약서 작성 시 3개월 이내 해고 사유로 중요하다고 생각하는 부분을 명시하여 특약으로 작성해 놓고 본인 확인을 받으면 이게 큰 도움이 됩니다.

두 번째는 경영상의 문제가 발생하였을 때 입니다. 더 이상의 매장 운영이 안 돼서 폐업하게 된다면 이 역시 바로 해고할 수 있습니다. 다만 사유가 명확해야 합니다. 세 번째는 근로자가 회사나 매장에 손해를 끼쳤을 시에도 가능합니다. 이 부분 역시 계약서에 특약에 적어놓으면 좋은 내용입니다. 하지만 직원이 다쳤을 때 해고를 하면 절대 안 됩니다. 그리고 또 하나 출산 전후, 육아휴직 등은 해고를 할 수 없습니다.

좋게 해고하는 방법 정리

반대로 문제가 있는 직원에게 권고사직을 권유하는 방법도 있는데 이는 사장이 직원에게 해고를 권고하고 직원이 이를 승낙해야 하므로 어려운 부분입니다. 직원이 안 받아들이는 경우가 많기 때문입니다. 결국, 나중에 문제로 이어질 수 있습니다. 그래서 권고사직은 될 수 있으면 안 하는 게 좋습니다.

■ 실제 상담사례 ■

직원 한 명이 지각도 잦고 근무 태도가 불량한데 스스로 그만둘 생각은 없어 보입니다. 함께 일하기 어려울 것 같은데 어떻게 하면 좋을까요?

1. 직원이 스스로 그만 일하도록 제안한다.
2. 직원이 다른 곳으로 이직할 수 있도록 30일 전에 해고예고를 한다.
3. 귀책 사유가 충분하니 즉시 해고한다.

정답은 2번입니다. 1번은 권고사직으로 웬만해서는 안 하는 게 좋습니다. 본인이 받아들이지 않으면 나중에 더욱더 문제가 되기 때문입니다. 3번은 귀책 사유가 충분하더라도 절대 즉시 해고하면 안 됩니다. 결국, 부당해고로 연결이 되어 문제가 커집니다. 결국은 법적인 테두리 안에서 그만두게 해야 합니다. 30일 전에 해고예고를 하고 다른 곳을 구할 수 있게 하던가 아니면 즉시 해고하려면 한 달 치 급여를 주고 해고하면 됩니다.

Part VIII.

마케팅

마케팅

마케팅은 안에서부터 하는 능력

많은 분이 마케팅에 대해 질문을 합니다. 하지만 그 전에 나를 먼저 둘러보고, 내 매장과 내 음식을 점검하는 것이 필요합니다. 나의 모습, 나의 매장, 나의 음식, 나의 직원이 최고여야 합니다. 그게 먼저 돼 있어야 합니다.

위에 말한 것처럼 하루 2 테이블의 감동을 먼저 실천해야 합니다. 그게 마케팅입니다. 내 매장을 찾아오는 손님들에게 최고의 서비스와 최고의 음식, 최고의 편안함으로 모셔야 합니다. 그게 기본이라 생각합니다. 기본이 안 되어있다면 마케팅은 의미가 없습니다. 그래서 저는 매장관리에 더욱더 신경을 씁니다. 제가 손님에게 더욱더 친절하게 하고 더욱더 맛있게 음식을 대접하며 더욱더 직원들 관리에 신경 쓰는 이유이기도 합니다. 저는 현재 송도매장과 프랜차이즈 본사를 운영하며 광고비로 단 10원도 안 쓰고 있습니다. **바로 나를 브랜딩 하는 것이 저의 광고이자 마케팅이기 때문입니다.**

나보다 뛰어난 손님들

제가 늘 명심하는 부분이 제가 매장에 갇혀서 최선을 다해 준비하고 있을 때 손님들은 수십 군데, 수백 군데의 맛집을 다니며 체험을 하고 평가를 하고 있다는 사실입니다. 그러니 내가 생각하는 것은 이미 손님들은 뛰어넘었다는 겁니다. 우리보다 손님들의 시야가 더 넓고 웬만한 손님은 음식 전문가 뺨치는 실력도 갖추고 있습니다. 그래서 우리는 긴장해야 합니다. 그리고 많이 다녀봐야 합니다. 손님 눈높이에 맞추기 위해 일주일에 최소 한군데씩은 다른 식당에 가셔서 먹어보길 권합니다. 이런 부분이 된 다음에 홍보를 생각하는 겁니다.

단돈 600원으로도 마케팅을 할 수 있습니다. 바로 아이들에게 건강음료 하나씩을 주는 것입니다. 예를 들어 하루에 아이들 데리고 오는 테이블이 6팀 정도로 보고, 아이를 한 팀당 2명씩만 데리고 온다면 하루 12명의 아이가 오는 것입니다. 그럼 아이들이 좋아하는 600원짜리 음료를 한 달로 따지면 21만 원입니다. 아이들 마음도 사로잡고 엄마들에게도 점수 따고 이런 것들이 진정한 마케팅입니다.

어려운 마케팅보다 현실적인 마케팅, 인간적인 마케팅을 먼저 하고 그다음에 어려운 마케팅해 보길 바랍니다.

마케팅은 안에서 밖으로 하는 것

일단 안에서 철저히 준비하고 이 부분이 됐다면 그때 외적인 홍보 바이럴 마케팅을 하는 겁니다. 그러면 더욱더 큰 효과를 거둘 수 있습니다.

소문 듣고 장사했다가 맞이하게 되는 지옥의 문

여러분도 마찬가지입니다. 처음엔 장사로 시작을 했지만, 장사의 노하우를 습득하는 순간 사업으로 바뀌는 놀라운 경험을 하게 됩니다. 꼭 알고 있어야 할 부분은 "**나이를 먹으면 먹을수록 일하는 시간을 줄여야 한다**"라는 것입니다. 그래서 우리는 "**장사의 시스템**"을 알아야 합니다. 만약 장사를 한 번도 해본 적 없고, 내가 하려는 장사 업종의 매장에서 일해본 적도 없고 노하우나 본인만의 강력한 무기가 없는데 남들이 하니까 따라 시작한다면 지옥의 문을 맞이하게 됩니다.

한때 유명했던 프랜차이즈 브랜드들이 현재는 계속 다른 브랜드를 만들어서 점주들에게 바꾸라고 권유를 하고 있습니다. 이게 현실입니다. 그럼 나머지 살아남은 10~20%의 점주들은 어떤 비결이 있을까요? 바로 "장사의 법칙"을 아는 분들입니다. 기본적으로 **손님을 잘 대하는 방법을 알고 있고 직원과 함께 일하는 방법을 알고 있는 사장님이라면 성공할 수밖에 없습니다.** 그래서 정말 신중하고 진실하게 장사에 임해야 합니다. 장사의 본질은 돈을 벌기 위함도 있지만 결국 손님들의 욕구를 충족시키는 게 가장 중요한 문제이기 때문입니다. 물론 모든 손님을 만족시킬 순 없습니다. 손님마다 입맛도 다르고 취향도 다르기 때문입니다. 하지만 기본적인 통계로 인해 내 매장을 좋아하는 비율이 있습니다. 그분들과 매장을 끌어가야 한다는 겁니다. 그래서 반대로 우린 우리와 함께 갈 손님을 선별하는 작업도 필요합니다. 일종의 VIP 시스템을 만드는 겁니다.

장사가 잘되느냐 안 되느냐는 결국 내가 얼마나 많이 배우러 다니느냐, 얼마나 많이 생각하고, 얼마나 많이 연구하며 얼마나 많이 실천하느냐에 따라 달라집니다.

장사는 고객 만족경영이다

송도매장의 경영목표는 '고객의 욕구를 만족시키는 매장'입니다. 단순하게 설명하면 이렇습니다.

첫째: 손님이 맛있게 먹으면 됩니다.
둘째: 손님이 기분 좋게 먹고 웃으며 나가면 됩니다.
셋째: 다음번에 그 손님이 다른 손님을 데리고 와서 "이 집 맛있는 집이야!"라고 다른 손님 손 잡고 오면 됩니다.

우린 이 3가지만 만들면 됩니다. 충분히 가능합니다. 어려운 운영 방법보다 이렇게 가장 기본이고 당연한 부분을 연구하고 노력해야 합니다.

장사는 42.195km의 마라톤과 같다

그래서 저는 준비가 안 되어있는 분들은 장사를 안 했으면 좋겠습니다. 정말 힘들고 어려운 길입니다.

마라톤 42.195km를 달리면 후반부에 데드포인트가 온다고 합니다. 바로 죽음이 눈앞에 온 것처럼 쓰러질 것 같고, 한 발짝도 못

뛸 거 같고, 고통의 극한이 찾아오는 거죠. 그런데 유명한 마라토너들은 이 데드포인트를 넘어서면 그다음부터 천국이 보인답니다. 모든 고통이 사라지고 에너지가 솟아나며 힘이 난답니다.

우리의 장사도 42,195km를 달리는 마라톤 같지 않습니까? 데드포인트가 우리의 목을 조이는 겁니다. 직원들과의 문제가 우리에게는 데드포인트인 겁니다. 하지만 모든 성공자는 그렇게 시작했음을 저는 잊지 않습니다. 직원 한 명으로 장사를 시작했지만, 크게 성공한 분들 역시 이 데드포인트를 넘어섰다는 겁니다. 그러니 좀 더 깊게 생각을 하며 대충하는 것이 아니라 아주 민감하게 접근해야 합니다. 손님 한 명 한 명에 맞게 정성으로 대해야 합니다. 여러분들은 잘할 수 있습니다. 우린 할 수 있습니다.

우리가 매장을 운영하면서 가장 중요하다고 말을 해도 부족함이 없는 것이 바로 홍보입니다. 홍보는 돈으로 진행되는 광고가 아닙니다. 우린 광고가 아닌 홍보를 해야 합니다.

> ■ 홍보 사회복지학 사전 공공기관, 조직, 단체가 사업을 하려 할 때 공적 또는 사회적으로 관계있는 사람들에게 그 사업의 취지 및 내용을 전달하고 주민이 사업을 지지하고 참가·협조하도록 만드는 조직적 활동으로 주민의 입장을 중시해야 한다. 홍보를 PR이라고도 하나 PR는 공청을 포함한 개념으로 주민과 조직 사이에 바람직한 관계를 형성한다는 원리가 내포되어 있다.

여기서 중요한 문구는 '공적 또는 사회적으로 관계있는 사람들에게 그 사업의 취지 및 내용을 전달하고 주민이 사업을 지지하고 참가·협조하도록 만드는 조직적 활동으로 주민의 입장을 중시해야 한다'입니다. 우린 이 홍보의 뜻을 생각해 봐야 합니다.

> ■ 광고 기업이나 개인·단체가 상품·서비스·이념·신조·정책 등을 세상에 알려 소기의 목적을 거두기 위해 투자하는 정보활동.

돈을 투자해 진행하는 광고는 PPL(영화나 드라마 속 광고 방법), 라디오 광고, 네이버 키워드 상위노출 방법, 유튜브 광고, 바이럴 마케팅 등 수없이 많이 있습니다. 하지만 가장 중요한 건 이러한 광고들은 밑 빠진 독에 물 붓기가 될 수 있음을 명심해야 합니다.

돈 안 들이고 홍보하는 최고의 방법 1. 최고의 음식 맛

일단 아주 당연한 이야기로 음식 맛이 좋아야 합니다. 우리도 다른 곳에 음식을 먹으러 가면 맛있는 음식보단 그렇지 못한 곳도 많이 있습니다. 우리가 느끼는 부정적인 감정을 우리 손님들도 똑같이 느낀다는 사실을 알아야 합니다. **결국, 최고의 음식 맛이 최고의 홍보 방법이라는 사실을 잊으면 안됩니다.**

돈 안 들이고 홍보하는 최고의 방법 2. 초보 블로거 되기

돈이 많다면 업체를 통해 진행하면 되지만 우린 그렇지 못한 상황이며 이 역시 고정 지출을 아끼는 중요한 사항입니다. 네이버 계정이 있다면 누구나 블로거가 될 수 있습니다.

① 나의 일상을 포스팅하세요

나의 일상, 여행, 아이 등 살아가는 모습을 담백하게 올려보세요. 나를 숨기려 하거나 알리지 않으면 상대방도 나를 믿지 않습니다. 나를 먼저 보여주면 나의 진심을 알고 상대방도 나의 친구가 되어줍니다. 손님들도 마음을 열고 함께 해줍니다.

② 매장이 있는 동네의 중요한 이야기를 포스팅하세요

'서울역 맛집' 이런 형태의 키워드는 절대 상위노출을 시킬 수가 없습니다. 경쟁률이 상당해서 큰돈이 들어가며 이미 전문가들이 꽉 잡고 있기 때문입니다. 하지만 그 지역의 사건·사고 이야기들을 알리고 홍보한다면 상위노출은 쉽습니다. 예를 들어 '송도 센트럴파크 공원 관련 이야기', '아이와 함께 하는 트리플스트리트' 이런 것들을 기본으로 잡고 송도에서 쟁점이 되었던 '송도 회오리 건물' 등 이렇게 동네의 유명한 이슈를 내가 먼저 다 읽어보고 내 생각을 적으면 됩니다. 이런 글을 자꾸 올리다 보면 반대로 나와 친구를 맺으려는 사람들이 등장하게 됩니다. (이웃. 서로 이웃)

③ 동네 유명 블로거를 찾아라

내가 쓰는 글도 중요하지만, 동네의 유명 블로거들과 서로 이웃을 맺는 것도 좋은 방법입니다. 인사말은 기본적으로 예의 있는 글을 적어놓고 복사하는 수준으로 넣으면 됩니다. 하루에 20명 정도 꾸준히 나에게 맞는 사람, 동네에 맞는 사람을 찾아서 계속 서로 이웃 신청을 넣으면 됩니다. 그와 함께 서로 이웃을 한 사람을 계속 찾아다니며 그 사람이 올린 글에 공감과 성의 있는 댓글을 달아주면 아주 놀라운 현상이 나타납니다. 절반 가까운 사람들이 나의 글에 댓글을 올리며 나의 블로그에도 방문하게 됩니다. 서로 이웃의 블로그에 방문을 많이 하면 많이 할수록 댓글을 많이 달면 달수록 답변과 답방이 많이 이루어지는 것은 너무나 당연합니다. 그렇게 동네에 영향력 있는 블로거들과 서로 이웃을 맺음으로써 나의 존재가 조금씩 커지고 나의 매장은 저절로 홍보되는 것입니다.

④ 초대장 보내기

이렇게 친분을 먼저 쌓은 다음 내 동네에서 영향력이 있는 사람 20명을 선정합니다. 그리고 그들의 글을 매일 받아 보며 공감 눌러주고 성의 있는 댓글을 계속 달아주세요. 그들을 집중적으로 관리하며 지내다 보면 자연스럽게 서로 인사하는 상황이 옵니다. 그럼 이때를 놓치면 안됩니다. 바로 정식으로 초대장을 보내는 것입니다.

"안녕하세요! 000 이웃님! 오늘 하루도 즐거운 하루 보내세요~^^"
"저는 송도 00에서 삼겹살 전문점을 운영하고 있습니다. 이번 10월 1일~10월31일까지 우리 동네 분들을 모시고 음식을 대접하는 이벤트를 열어서 000 이웃님을 초청하고 싶은데 괜찮을까요? 꼭 한번 모시고 싶습니다." 이렇게 멘트를 만들어 보내는 겁니다. 그동안 내가 노력한 부분을 고려한다면 그중에 대부분은 저희 매장에 오게 됩니다. 돈을 내고 하는 블로그 체험단보다 이 방법이 10배 이상의 효과를 낼 것입니다. 또한 우리가 장사하는 그 동네의 커뮤니티를 잘 활용해야 합니다. 멀리 보지 말고 가까운 곳부터 찾길 바랍니다.

⑤ 동네를 대표하는 단체에서 활동하세요

종교가 있다면 동네의 종교 관련 단체에서 활동하세요. 스포츠 관련 단체도 마찬가지입니다. 동네를 대표하는 단체에서 활동함으로써 나도 자연스럽게 동네의 일원이 되고 저절로 나의 매장도 홍보가 됩니다. 내가 마음먹고 홍보하려고 달려들기보다 진심으로 단체에서 활동한다는 마음으로 사람들과 섞여서 움직인다면 저절로 매장은 홍보됩니다.

⑥ 동네에 좋은 일을 해보세요

한 달에 한 번 동네에 어려운 사람들에게 밥 한 끼 제공하기, 어르신들에게 맛난 고기 대접하기 등 매장 근처에 경로당이 있다면 찾아가서 어르신들에게 식사 한 끼를 대접하세요. 그 어르신 중에 한 분이 열 명의 블로거가 되어 내 매장을 홍보해 주실 겁니다. 어르신의 자제분들이 우리 매장에 대한 자랑을 늘어놓으실 겁니다. 여기서 중요한 건 진심이라는 것입니다. 내 부모님을 모신다는 마음으로 한다면 그 마음은 다 전달됩니다.

⑦ 식사를 한 끼 하더라도 나의 매장 근처에서

식사 한 끼를 하더라도 내 옆 매장에서 하는 습관을 들여야 합니다. 그리고 절대로 매장 근처의 사람들과 말썽이 생기면 안됩니다. 다툼이 생겨도 안됩니다. 저는 실제 저희 매장 근처 서른 군데 사장님들과 모임을 하고 있습니다. 아주 친하게 지내고 있습니다. 그러다 보니 도움이 되는 일이 많습니다. 무엇하나 떨어져도 금방 가져올 수 있고 내가 없어도 옆 가게 사장님이 내 매장의 문제를 해결해 주고 이렇듯 내 매장 주변 사람들과 친하게 지내시면 도움이 많이 됩니다.

⑧ 인스타그램 하나쯤 만들기

블로그와 더불어 인스타그램 하나쯤은 함께 만들어도 좋습니다. 인스타그램의 장점은 블로그와 다르게 짧은 글과 사진에 내가 전달하고 싶은 것들을 전달할 수 있다는 것입니다. 나의 음식, 매장 이야기, 손님 이야기, 매장 이벤트 이야기, 직원들 이야기, 이렇듯 사진 1~2장과 짧은 글로도 나의 매장을 홍보할 수 있습니다.

⑨ 그래서 사장은 공부해야 합니다

우린 배워야 합니다. 블로그, 인스타그램 하는 방법을 몰라서 못한다면 서점에 가면 됩니다. 큰 그림으로 쉽게 나와 있는 책들이 널려 있습니다. 배우면 얼마든지 쉽게 할 수 있습니다. 늦었다고 생각할 때가 빠르다는 말이 있습니다.

돈을 주고 하는 광고는 누구나 할 수 있습니다. 하지만 제가 말씀드린 부분의 준비가 안 되어있으면 그 돈은 계속 버리는 돈이 될 것입니다. 그중 가장 중요한 부분이 나의 공부인데 그 공부는 내가 직접 보고 듣는 것입니다.

창업한다 GO?!

초판 1쇄 인쇄 | 2021년 12월 22일
초판 1쇄 발행 | 2022년 1월 2일
지은이 | 조자룡
발행인 | 도서출판 처음
기획편집 | 이학명 (mrm97@naver.com)
디자인 | 신선미
출판등록 | 제 2015 - 000020호
주소 | 경기도 고양시 일산서구 일현로 151
전화 | (02) 3472-1950 | **팩스** (02) 379-4535

ISBN 979-11-965357-5-9 13320